시인, 죽음을 노래하다

시인, 죽음을 노래하다

김종훈
김준연
김동희
장성현
김재혁
손주경
장재원
엮음

KU PRESS
고려대학교
출판문화원

'시인, 죽음을 노래하다' 서문에 부쳐

시인들은 사랑만큼이나 죽음을 꾸준히 시 안에 불러들였다. 흔하디흔한 것이어서인지 아니면 비껴갈 수 없는 것이어서인지, 인간의 꿈을 산산조각 내는 죽음을 그들은 꾸준히 노래했다. 때로는 한탄을 쏟아놓으며 때로는 담담한 목소리로 죽음을 바라보고 해석하려고 시도했다. 그러나 불현듯 찾아오는 사랑의 정체를 알기 힘든 것처럼, 죽음 역시 제 얼굴을 온전히 그리고 쉽게 드러내기를 거부한다. 죽음의 속성을 정의하는 수많은 말들 그리고 죽음을 대하는 수많은 심정과 결부된 또 수많은 말들을 시인들은 찾아야 했다. 감춰진 죽음의 얼굴을 그려내기 위해 그들은 허공을 맴돌며 달아나는 말들을 필사적으로 붙잡아 백색의 종이 위에 묶어놓아야만 했다. 죽음을 뒤쫓는 말의 중단 없는 추적, 독자는《시인, 죽음을 노래하다》에서 이 추적의 다양한 양상들을 목격하게 될 것이다.

그리고 거기에서 가련한 인간 앞에서 신나게 춤을 추어대는 죽음의 모습을 한결같은 시선으로 바라보지 못하는 시인의 태도 역시 보게 될 것이다. 앙상한 뼈만 남은 죽음 앞에서 두려움과 한탄과 비통에 일그러진 그의 얼굴이나 결의와 담담함을 애써 되찾기 위해 어조를 가다듬는 절망적인 모습을 엿볼 수 있을 것이다. 심지어는 죽음에 의연하게 맞서는 그의 의지가 인간의 모순 가득한 운명을 드러내는 터무니없는 순간들을 접할 수도 있다. 한스 홀바인이 권력과 명예 그리고 영광을 얻은 자들마저도 피해갈 수 없는 죽음을 위해 해골의 그림자를 〈대사들〉(1533)에 슬며시 그려 넣었듯이, '이곳'을 사는 인간에게 죽음을 벗어날 방안은 본래 허용되지 않았다는 절망적인 외침을 들을 수도 있고, 죽음이 동반하는 온갖 고통의 극복이 오히려 죽음을 마주할 때 마련된다는 믿기 힘든 암시 역시 포착할 수도 있다.

받아들이기 쉽지 않으면서도 거부하기도 힘든 죽음이라는 조건 앞에서 시인의 시선은 슬픔, 자책, 좌절, 회한, 분노의 말들과 결합하기도 하고, 담담함, 결의 그리고 기대와 희망을 감춰둔 말들과 어울리기도 한다. 다가올 죽음과 죽음 너머의 보이지 않는 세계에 대한 한없는 불안을 노래하면서도 죽음에서 평온을 찾거나 죽음에 대한 공포에서 여전히 살아야 할 동인을 찾는 역설적인 행위도 멈추지 않는다. 죽음을 마주하게 될 인간의 연약하기 그지없는 심정을 위로하기 위해서이고, 죽음에 맞설 굳건한 용기가 인간에게 있다는 것을 환기하기 위해서이기도 하다. 독자는《시인, 죽음을 노래하다》에서 시인의 이런 다양한 의지를 접하게 될 것이다.

그리고 바로 그 순간 죽음을 노래하는 시인의 말이 치유의 힘을 품고 있다는 것도 짐작하게 될 것이다. 오르페우스가 보여주었던 것처럼, 시인의 말은 죽음의 성질마저 변화시키는 이미지들의 힘에 의지한다. 시인이 죽음을 바라보며 만들어낸 이미지들, 이 허구의 동반자들은 죽음을 속인다. 그것들은 죽음으로부터 단절과 공포 그리고 불안의 힘들을 빼앗아 온다. 허구의 힘은 강건하다. 손으로 쉽게 포착되지도 눈으로 쉽게 보이지도 않는 허구는 불현듯 사라질 정도로 연약하면서도 꿋꿋하게 살아남는 기질을 지닌다. 그것은 죽음 앞에서 몸을 떨면서도 담담한 마음을 찾으려는 인간을 닮기도 했다. 인간이 허구와 떨어질 수 없는 이유이다. 인간은 시를 읽을 수밖에 없다.

이 점에서《시인, 죽음을 노래하다》는 인문학적 상상력이 절실히 필요하다고 주장하면서도 그것을 단지 경제적 유용성을 위한 도구로만 간주하는 시대에게 시인의 말에 깃든 힘을 보여주는 계기를 제공할 수 있을 것이다. 쓸모가 있다는 것은 무언가에 종속되었다는 말과 다르지 않다. 만약 허구의 이미지를 만들어내는 시인의 말이 쓸모가 없다면, 공포와 불안, 억압과 굴종, 파괴와 분열에서 벗어난 자유로운 상태를 그것이 지향하고 있기 때문일 것이다. 죽음의 얼굴을 그리려는 다양한 노래 안에서 수많은 자유의 꿈이 잉태된다.

지난 2020년에 간행된 《시인, 사랑을 노래하다》에 뒤이은 《시인, 죽음을 노래하다》는 한국, 중국, 일본, 영미, 독일, 프랑스, 스페인-중남미 등 동서양의 다양한 언어권 시 전문가들이 죽음을 주제로 하여 각 15편씩 선별한 총 105편의 시를 담고 있는 시집이면서, 각각의 시에 시 읽기의 오랜 경험이 묻어난 간략한 설명을 곁들인 해설서이기도 하다. 죽음을 노래하는 동서양 시인들의 다양한 관점과 방식을 담고 있는 이 책의 독서에서 죽음을 노래하는 시인의 말과 독자의 섬세한 시선이 서로 어울리는 경이로운 공감의 순간들이 마련되기를 기대한다.

2024년 8월 27일
서울 안암동에서
필자 일동

〈대사들〉
한스 홀바인, 1533

차례

1 한국 시

2 중국 시

3 일본 시

4 영미 시

5 독일 시

6 프랑스 시

7 스페인-중남미 시

1 한국 시

제망매가 祭亡妹歌

월명사(月明師, ?-?)

생사(生死) 길은
여기에 있으므로 머뭇거리고,
나는 간다는 말도
못다 이르고 어찌 갑니까.
어느 가을 이른 바람에
여기저기 떨어질 잎처럼,
한 가지에 나고서도
가는 곳 모르겠구나.
아아, 미타찰(彌陀刹)에서 만날 나는
도(道) 닦아 기다리겠노라.

해설

〈제망매가〉는 죽음을 소재로 한 대표적인 한국의 고전 시가다. 이 시가가 수록된 일연의 《삼국유사》에는 다른 향가와 마찬가지로 창작 배경과 관련된 설화가 실렸는데, 누이가 죽은 감회를 월명사가 이 시로 표현하자 회오리바람이 지전을 서쪽으로 날려 보냈다고 기록되어 있다. 본문의 "미타찰"은 극락세계이면서 동시에 망자의 간 곳을 뜻하고, "도 닦아"는 산 자의 자세를 한층 더 고귀하게 하는 역할을 한다. 그러나 고귀한 뜻이 담긴 모든 시가 오래 기억되는 것은 아니다. 시에서는 뜻만큼 중요한 것이 표현인데, 특별하면서도 공감할 수 있는 표현은 독자의 기억에 오래 남을 수밖에 없다. 〈제망매가〉에서는 그 역할을 "한 가지"가 맡았다. 둘이 남매 사이라는 것, 언젠가는 모두 떨어질 운명이라는 것, 다른 잎을 보내고 남은 잎이 가지에 애처롭게 매달린 모습 자체가 곧 도 닦는 행위일 수 있다는 것 등이 이 간명한 표현에 담겨있다.

찬기파랑가 讚耆婆郎歌

충담사(忠談師, ?-?)

열치며

나타난 달아

흰 구름 좇아 떠가는 것 아니냐?

새파란 냇물에

기파랑의 모습 있어라.

이로부터 냇물 조약돌에

기파랑이 지니시던

마음의 끝 따르고 싶구나.

아아, 잣나무 가지 드높아

서리 모를 화랑장이여.

해설

위의 현대어 풀이는 일반 독자에게 많이 알려진 양주동의 번역을 기본으로 삼은 것이다. 〈찬기파랑가〉는 신라 시대 화랑인 기파랑을 추모하고 찬양하는 향가이다. 시의 대상이 화랑의 장이었고 당대 지배 이데올로기도 반영되었으니 시의 권세가 꽤나 막강했을 것 같다. 더욱이 지은이 충담사는 〈안민가〉라는, 지배 이데올로기에 부응하는 시를 적지 않았는가. 그로부터 천 년이 훌쩍 넘어 기파랑과 마찬가지로 충담사도 죽고 신라도 없어지고 《삼국유사》에 있는 설화의 종교적 분위기도 스러졌다. 하지만 이 시는 여전히 향가의 명편으로 남아있다. 기파랑의 인품보다는 기파랑의 인품에 닿고자 하는 표현의 아름다움 때문일 것이다. 가령 냇물에 반짝이는 조약돌 이미지, 또 아득한 잣나무 가지의 높이를 표현하기 위해 서리도 닿지 못한다는 비유 등은 이 시의 미학적 완성도를 높이는 데 기여한다. 감각적 세계의 이미지는 저승에 있는 기파랑의 인품을 천 년 넘게 독자의 기억 속에 새겨놓았다. 이미지의 힘은 세다.

김극평의 죽음을 곡하며 哭金克平

이숭인(李崇仁, 1347-1392)

나의 벗 생전에 짝이라 할 수 있는 이 드물었으니
지금 지하에서 누구와 친할까.
이른 나이에 지은 시가 빌미가 되어
만년에는 병들고 가난하게 지냈다네.
슬프게도 바람 쑥대 머리카락에 부니
맑고 야윈 선비의 모습 생각나네.
마음 아프다 들보 위 저 달은
밤마다 옷과 망건 비추는구나.

해설

친구가 죽었다. 이 시를 쓴 도은(陶隱) 이숭인은 고려 말 학자이자 시인이다. 이숭인과 시의 주인공 김극평은 고난의 시기에 만나기 어려운 뜻이 맞는 친구였다. 김극평이 일찍 생을 마쳤을 때 시인의 슬픔은 헤아리기 어려울 정도로 클 것 같은데 시에서 그것은 범람하지 않는다. 죽은 이를 애도하는 목적으로 쓴 '만시(輓詩)'가 그렇듯 이 시도 앞부분에서는 그의 불우한 삶을 요약하고 마지막에 자신의 심정을 드러낸다. 시인은 '슬프다'는 짧은 탄식으로 자신의 마음을 응축하여 마무리했는데, 독자는 그곳에서 그 이상의 감정 표현을 찾아볼 수 없다. 그 대신 들보 위에 있는 달이 망자의 옷과 망건을 비춘다는 진술에서 밤 풍경에 용해된 시인의 슬픔을 감지할 수는 있을 것이다. 이때 달의 역할 또한 여러 가지로 헤아릴 수 있다. 우선 그것은 한 곳이 아니라 여러 곳을 비추기 때문에 슬픔을 배분하는 역할을 맡는다. 또한 망자가 없어도 떠오르기 때문에 시간의 냉정함과 무심함을 대변한다. 마지막으로 오늘만이 아닌 언제나 떠서 옷과 망건을 비출 것이기 때문에 오랫동안 그를 기억하겠다는 시인의 의지를 표현한다.

딸을 묻고 瘞女

이덕무(李德懋, 1741-1793)

시월 빈 산 영원히 너를 버렸다.

땅속에는 젖이 없어 너 이제 굶겠구나.

인삼인들 죽은 자에게야 어찌하랴.

불치병 별 재간이 없으니 의원 원망하지 않네.

해설

조선 후기 유학자이자 실학자 이덕무는 학문적으로 명성이 높았고 시와 그림에도 뛰어난 능력을 발휘했다고 한다. 그런데 그의 시에는 〈딸을 묻고(瘞女)〉와 같은 개인사와 관련된 것도 있다. 불치병에 딸이 죽었고 시월 빈산에 그를 묻었다. 음력 시월이니 초겨울이 될 것이다. 스산한 바람이 불고, 추위에 몸이 떨리기 시작하는 시기인데 딸은 산에 혼자 있어야 한다. 딸이 맞이할 이 겨울을 그는 어떻게 받아들일까. 추위와 무관한 저승에 있으니 다행인 것인가. 아니면 홀로 떨어져 있으니 더 애처로운 것인가. 시인의 마음은 뒤의 편에 더 가까운 것 같다. 그는 이 마음을 "땅속에는 젖이 없어 너 이제 굶겠구나"로 표현하였다. 이미 주검이 되어 땅에 묻혔지만 딸을 여전히 젖이 필요한 생명으로 여기고 싶은 마음이 절절히 묻어난다. 그러니 앞 부분의 냉정한 표현 '너를 버렸다'[棄之]에는 딸의 죽음을 인정해야 하는 아버지의 슬픔이 역설적으로 담겨있다고 봐야 하지 않을까.

죽은 손녀를 애도하며 悼孫女

남씨(南氏, ?-?)

여덟 해 중 일곱 해를 병을 앓았으니
돌아가 누운 넌 응당 편하겠구나.
다만 슬프다 오늘처럼 눈 내리는 밤
엄마와 이별하고 추운 줄도 모를 테니

해설

여덟 살에 세상을 뜬 손녀를 애도하는 남씨의 시다. 남씨가 누구인지 알려져 있지 않으니 오늘날의 독자까지 감상하게 된 데에는 시 그 자체의 힘이 컸다고 할 수 있다. 눈에 넣어도 아프지 않을 손녀를 잃은 슬픔에 대한 시인데, 시에서 슬픔의 감정은 절제되어 나타난다. 앞부분에서는 망자가 지하에 누워있으니 편하겠다고 하고, 뒷부분에서는 엄마와 떨어져 있으니 슬프다고 하며 자신의 감정을 드러내기는 했으나 그 감정은 망자의 상황을 헤아리는 쪽에 할애되었다. 살아있을 때의 고통도 죽은 뒤의 불감도 모두 망자의 것이다. 특히 추워서 슬픈 것이 아니라 추운 줄도 모르기 때문에 슬프다고 말한 마지막 부분이 인상적이다. 추운 줄 알면 엄마를 찾을 텐데, 엄마를 찾을 필요도 없는 곳에 손녀가 가버렸다. 감정이 절제된 만큼 여운은 길어진다. 혹시 직접 슬퍼하는 몫은 아이의 엄마에게 양보해야 해서 절제할 수밖에 없었던 것은 아닐까. 이모저모 의미를 들춰내야 할머니의 슬픔이 드러난다. 이를 슬픔의 깊이라고 표현할 수 있을 것이다.

지난밤 불던 바람에

《청구영언(靑丘永言)》(1728)

지난밤 불던 바람에 마당 복사꽃 다 지겠다.
아이는 비를 들고 쓸려 하는구나.
떨어진 꽃인들 꽃이 아니랴 쓸어 무엇하리오.

해설

빗자루로 마당을 쓸려는 아이와 말리는 화자 사이의 긴장은 지난밤 마당에 떨어진 복사꽃잎 때문에 일어났다. 어제의 자연 모습과 달리 꽃잎이 떨어진 오늘 아침의 이 풍경을 화자가 어떻게 판단할까. 화자는 '낙화(落花)'가 빚어낸 정원의 아침 풍경을 주저함 없이 자연스럽게 받아들인다. 아이는 지난밤에 불었던 바람을 위협적인 존재로 상정하고, 다시 자신이 생각하는 자연의 모습을 회복시키기 위해 떨어진 꽃을 쓸어버리려 한다. 아이에게는 바람과 낙화의 구분이 있고, 정돈된 정원과 어지러운 정원의 구분이 있다. 그러나 화자에게는 이와 같은 구분이 없다. 바람도 떨어진 꽃도 '자연스러운 자연'의 모습이다. 떨어진 꽃이 환기하는 자신의 죽음 역시 그는 자연의 일부로 보고 있는 것이다. 죽음을 포섭하는 자연관은 화자로 하여금 어지러운 정원의 모습 역시 자연스럽게 여기게 한다. 아이의 단계를 벗어나기 위해서는 죽음을 삶의 이편으로 끌어놓을 수 있어야 하나 보다.

복사꽃 배꽃 은행나무꽃 향기 나는 풀들아

《청구영언(靑丘永言)》(1728)

복사꽃 배꽃 은행나무꽃 향기 나는 풀들아 한 해 봄빛 한스러워하지 말아라.

너희는 그리하여도 세상의 흥이 끝 없지 않는가.

우리는 백 세뿐이어니 이를 슬퍼하노라

해설

복사꽃, 배꽃, 은행나무꽃은 활짝 피었고 풀들은 향기를 내는데, 왜 이들이 봄빛을 한스럽게 여긴다고 화자가 말할까. '한 해'살이에 그 원인이 있을 것이다. 생명의 정점에서 죽음이 암시된 꽃들의 모습에는 언젠가의 죽음을 감지한 화자의 모습이 겹쳐있다. 화자의 생각에 꽃들의 죽음은 '끝없는 자연'에 포함되지만, 자신의 죽음은 거기에 포함되지 않는다. 꽃들의 생명이 비록 올해에는 한 철 지나지 않아 끝나지만 이듬해 다시 개화하며 연장되는 것을 그는 경험으로 안다. 그에게 지난해의 꽃과 올해의 꽃은 다르지 않다. 꽃의 피고 짐이 순환되며 연속할 때, 자연의 자족성은 원환적인 성질을 추가로 얻는다. 그러나 화자는 자신의 죽음 뒤의 세계를 예견할 수 없다. 그렇기 때문에 마지막에 표현된 슬픔은 순환과 연속의 궤도에서 이탈할 것 같다는 예감에서 비롯한다. 그의 슬픔에는 고독이 섞여있다.

내 본래 천상계 사람으로

《청구영언(靑丘永言)》(1728)

내 본래 천상계 사람으로 황정경(黃庭經) 한 자를 오독하고

속세에 다시 내려와 오복(五福)을 누리다가 저 하얀 구름 타고 옥황상제 사는 곳에 올라가 함께 놀던 신선 무리 다시 만나

온 세상 두루 돌아다니며 장생불사(長生不死)하리라

해설

〈내 본래 천상계 사람으로〉는 조선 후기에 등장한 사설시조 중 하나이다. 하고 싶은 말이 지켜야 하는 형식에 다 들어가지 못하게 되자, 정해진 형식을 파괴하며 등장한 것이 사설시조이다. 달리 말하면 사설시조에는 정형의 틀이 깨진 곳에 화자의 특별한 욕망이 담겨있다고 해야 할 것이다. 인용한 시가에서 평시조의 형식이 깨진 곳은 중장이다. 속세에서 잘 살다가 본향으로 올라가 신선 무리를 만난다는 전체 줄거리에서 다른 부분과 달리 중장에는 속세에 내려온 과정이 서술되어 있다. 사설시조의 출현 배경에는 도학의 이념보다는 생활 감정을 구체적으로 드러내기 위한 것도 있다. 이 시가 또한 속세에서 삶의 과정을 드러내는 데 파격이 이뤄졌다. 문학은, 속세의 구체적인 삶을 중시하는 장르이다.

초혼 招魂

김소월(金素月, 1902-1934)

산산이 부서진 이름이여!
허공 중에 헤어진 이름이여!
불러도 주인 없는 이름이여!
부르다가 내가 죽을 이름이여!

심중에 남아 있는 말 한마디는
끝끝내 마저 하지 못하였구나.
사랑하던 그 사람이여!
사랑하던 그 사람이여!

붉은 해는 서산 마루에 걸리었다.
사슴이의 무리도 슬피 운다.
떨어져 나가 앉은 산 위에서
나는 그대의 이름을 부르노라.

설움에 겹도록 부르노라.
설움에 겹도록 부르노라.
부르는 소리는 비껴 가지만

하늘과 땅 사이가 너무 넓구나.

선 채로 이 자리에 돌이 되어도
부르다가 내가 죽을 이름이여!
사랑하던 그 사람이여!
사랑하던 그 사람이여!

해설

한국 현대시사의 가장 앞자리에 놓이는 김소월의 시이다. 시의 제목 '초혼(招魂)'은 문자 그대로 '넋을 부르는' 행위를 뜻하는 전통 풍습의 하나이다. 망자를 기리기 위해 그가 생시에 입던 저고리를 왼손에 들고 오른손은 허리에 대고는 지붕에 올라서거나 마당에 서서, 북쪽을 향하여 '아무 동네 아무개 복(復)'이라고 세 번 부르는 것이 그 절차이다. 〈초혼(招魂)〉이 화자의 감정을 여실히 그리고 성공적으로 드러내 수 있는 것도 전통을 계승한 덕이 클까. 사실 시가 일인칭 내면의 감정을 중시하는 장르라고 하더라도 감정을 날것으로 표현하는 것은 시 쓰기의 권장 사항이 아니다. 독자 입장에서는 공감되기보다는 거기에서 강요를 느끼기 쉽다. 더욱이 유교 문화권은 개인의 감정을 솔직히 드러내는 것을 권장하는 사회가 아니었다. 다만 유교 문화가 지향하는 충(忠)과 효(孝)의 이념이나 제사(祭祀) 의식을 강화하는 데 쓰이는 감정의 분출이라면 괜찮았다. 〈초혼〉의 감정 분출과 더불어 '혼(魂)'의 설정은 망자의 넋을 기리고 현세를 보존하는 애도의 측면에서 유교 문화권의 전통이 허락한 것이다. 김소월의 〈초혼〉은 전통시가 스러지고 현대시가 형성될 무렵 두 시학의 마찰이 빚어낸 현상을 감정의 분출로 선명히 보여준다.

호랑나비

정지용(鄭芝溶, 1902-1950)

화구를 메고 산을 첩첩 들어간 후　이내 종적이 묘연하다　단풍이 이울고　봉마다 찡그리고　눈이 날고　영(嶺) 위에 매점은 덧문 속문이 닫히고　삼동(三冬)내—열리지 않았다　해를 넘어 봄이 짙도록　눈이 처마와 키가 같았다　대폭(大幅) 캔버스 위에는 목화송이 같은 한 떨기 지난해 흰 구름이 새로 미끄러지고　폭포 소리 차츰 불고　푸른 하늘 되돌아서 오건만　구두와 안신이 나란히 놓인 채 연애가 비린내를 풍기기 시작했다　그날 밤 집집 들창마다 석간(夕刊)에 비린내가 끼치었다　박다태생(博多胎生) 수수한 과부 흰 얼굴이사 회양 고성 사람들끼리에도 익었건만　매점 바깥주인 된 화가는 이름조차 없고 송화가루 노랗고　뻑 뻑국　고비 고사리 고부라지고　호랑나비 쌍을 지어 훨훨 청산을 넘고.

해설

〈호랑나비〉는 줄글 형태이되 휴지부의 간격을 조절하면서 유현하고 적요로운 시적 분위기를 연출하는 시이다. 이러한 시에서 정지용은 간혹 서사를 감춰두곤 했다. 인물이 등장하고 사건이 숨어있는 것이다. 이 시의 주인공은 화가인데, 그는 겨울에 산에 들어가 '매점 바깥주인'이 된다. 봄이 되었건만 캔버스는 비어있고, 그는 수수한 과부와 '비린내' 나는 연애를 한다. 둘 사이에서는 이를 사건이라 부를 수 있을 것 같은데, 세간에서도 이를 사건이라 부를 수 있을까. 이는 두 사람의 생사가 달려있는 질문이기도 하다. 만약 둘 사이의 사건이라면 이 둘은 살아 봄을 맞이했을 것이고, 세간의 사건이라면 석간 신문에 실릴 정도의 끔찍한 치정극이 그 사이 벌어진 것이다. 둘이 살아있다면 마지막 호랑나비는 이들의 사랑과 자유를 대변하는 상관물일 것이고, 죽었다면 이 둘의 환생을 상징하는 것이라 할 수 있다. 소위 열린 결말을 지닌 이 시는 매혹적인 풍경 묘사와 함께 확답을 미루게 하는 질문으로 독자의 기억과 문학사에 깊이 새겨졌다.

꽃

이육사(李陸史, 1904-1944)

동방은 하늘도 다 끝나고
비 한 방울 내리잖는 그 땅에도
오히려 꽃은 빨갛게 피지 않는가
내 목숨을 꾸며 쉬임없는 날이여

북쪽 툰드라에도 찬 새벽은
눈 속 깊이 꽃 맹아리가 옴작거려
제비떼까맣게 날아오길 기다리나니
마침내 저버리지 못할 약속이여!

한바다복판 용솟음치는 곳
바람결 따라 타오르는 꽃성(城)에는
나비처럼 취하는 회상(回想)의 무리들아
오늘 내 여기서 너를 불러 보노라

해설

이육사가 독립운동 중 체포되어 베이징으로 압송되는 과정에서 구상한 〈꽃〉은 옥중에 세상을 떠난 그의 시신을 수습하다가 마분지 조각에서 발견된 것으로 이육사의 마지막 시라고 해도 좋을 것이다. 일제의 침략은 가혹해지고 전망은 부재하는 현실에서도 희망을, 의지를 보여주었던 시인이 이육사다. 절체절명의 위기 상황에서도 그 희망의 기미를 감지할 수 있을까. 시에서 그 역할을 맡은 대상으로는 "꽃 맹아리"가 적절해 보인다. 화자는 비 한 방울 내리지 않는 곳에서도 빨간 꽃을 그리고 툰드라의 찬 새벽 눈 속에서도 목숨과 약속을 가져올 꽃 맹아리를 상상한다. 의지가 꺾이긴커녕 더 세진 듯하다. 그것만이 아니다. 그의 생각 어딘가에는 '꽃성'을 이룬 꽃무리까지 조성되어 있다. 그런데 '회상의 무리'라는 데에서 확인할 수 있듯이 그것은 기억의 힘으로 끌어모은 것이다. 1904년생이고 평생 독립운동에 헌신한 그에게 세상이 '꽃'으로 기억되던 시절이 있었을까. 그는 아주 희미한 기억을 자양분 삼아 지극히 높은 정신의 경지를 생의 마지막까지 유지했다. 그것으로 마지막 순간 약속을 지킬 제비들을 불러 모으고 화사한 꽃성을 그려냈던 것이다.

아침

이상(李箱, 1910-1937)

캄캄한공기(空氣)를마시면폐(肺)에해(害)롭다. 폐벽(肺壁)에끄을음이앉는다. 밤새도록나는몸살을알른다. 밤은참많기도하더라. 실어내가기도하고실어들여오기도하고하다가잊어버리고새벽이된다. 폐(肺)에도아침이켜진다. 밤사이에무엇이없어젔나살펴본다. 습관(習慣)이도로와있다. 다만내치사(侈奢)한책이여러장찢겼다. 초췌(憔悴)한결론(結論)위에아침햇살이자세(仔細)히적힌다. 영원(永遠)이그코없는밤은오지않을 듯이.

해설

이상은 이 시를 발표한 뒤 일본으로 건너가 이듬해 숨을 거둔다. 폐결핵 등 지병을 몸에 달고 살았던 그인데, 백여 편에 이르는 그의 시 중 병의 고통이 가장 잘 드러난 것이 〈아침〉이다. 처음에는 기침과 몸살이 심해져 잠을 이루지 못한 이상 자신의 몸이 제시되고 그것은 이내 '사치(=치사)스러운 책'과 '초췌한 결론' 등에서 확인할 수 있듯 책과 동일시된다. 책은 여러 장 찢겨있고 책의 결론은 초췌하다. 아마도 밤새 계속된 기침을 다스리느라 급히 책장을 뜯은 것 같다. 책과 동일시된 것이 그의 몸이니, 자신의 수명이 줄어들고 있다는 것을, 죽음이 임박해 있다는 것을 그는 이미 예감했을 것이다. 그런데 마지막 구절 "영원히그코없는밤"은 어떻게 이해해야 하는가. '코 없는 밤'이 오지 않을 듯이 아침 햇살이 초췌한 결론 위에 자세히 적힌다는 맥락인데, 그는 그 밤의 순간을 기다리는 것일까, 아니면 두려워하는 것일까. 입이야 다물고 잘 수 있지만 코는 그렇지 못하다. 코는 제 의지와 상관없이 숨이 찾아드는 곳이다. 피를 토하는 데 입이 쓰여도 살아있는 까닭은 코가 있기 때문이다. 코가 없다면 숨을 쉬지 못할 것이니 폐병을 앓은 이에게 '코 없는 밤'이란 죽음을 뜻한다. 두려움이 없을 수 없다. 그런데 그가 겪는 고통을 염두에 두면 죽음은 두렵기만 한 순간은 아닌 것 같다. 두려움과 안도감이 뒤섞인 마지막 구절은 쉽게 찾아들지 않은 고통의 정도를 대변한다.

별

강소천(姜小泉, 1915-1963)

나도 하나의 별일 수 있을까?

저 수 많은 별들 중에 내가 내 별을 찾고 있듯이
은하수 별무리 그 어느 속에라도
날 찾는 작디작은 별 하나 정녕 있을까?

나도 언젠가는 발견될 수 있을까?

이렇게 들판에 혼자 서서 하늘을 우러러 내라고,
내 여기 있노라고 손짓하는
나를 정녕 못 알아보고 말까?

그래도, 내 별도
천 년 만 년을 두고 두고 날 찾고만 있을까?

내가 이미 이 세상에서 사라져 버린 뒤에도
내 별은 남아 있어 날 찾고만 있을까

해설

강소천은 사는 동안 내내 어린이를 위한 시와 소설과 희곡을 썼다. 동시 〈별〉에서도 자신을 찾는 별이 어떤 것인지 궁금해하며 밤하늘을 쳐다보는 어린이 화자를 만날 수 있다. 무수히 빛나는 별들을 보며 그는 자기 외에도 스스로 빛나는 것이 많다고 느낀 것 같다. 유아론(唯我論)이란 알껍질을 깨고 나오는 순간이자, 모든 생명 안에 우주가 있다는 것을 깨닫는 순간이자, 그러므로 상대적으로 의기소침해지는 순간이 이때이다. 우연히 태어났다는 생각, 그 안에 진실이 담겨있다고 하더라도 그는 '정녕' 자신의 존재에 필연성을 부여하려고 애를 쓴다. 그는 자기 안으로 침잠하는 것이 아니라 들판으로 나와 밤하늘을 쳐다보며 자기 자신을 찾는 별을 헤아린다. 거기에서 끝나는 것이 아니라 그는 "내가 이미 이 세상에서 사라져 버린 뒤에도" 자신을 찾는 별을 상상한다. 죽음이 전제가 되자 현생의 소명을 넘어 내세의 소명까지 인식의 폭이 확장된다. 우연히 태어났다고 하더라도 그 우연에 필연성을 찾는 일은 인식의 폭을 확장할 뿐만 아니라 시간의 깊이를 더할 수 있다. 죽음이 있어서 가능한 일이다.

또 다른 고향

윤동주(尹東柱, 1917-1945)

고향에 돌아온 날 밤에
내 백골(白骨)이 따라와 한 방에 누웠다.

어둔 방은 우주로 통하고
하늘에선가 소리처럼 바람이 불어온다.

어둠 속에 곱게 풍화작용하는
백골을 들여다보며
눈물짓는 것이 내가 우는 것이냐
백골이 우는 것이냐
아름다운 혼이 우는 것이냐

지조 높은 개는
밤을 새워 어둠을 짖는다.

어둠을 짖는 개는
나를 쫓는 것일 게다.

가자 가자

쫓기우는 사람처럼 가자

백골 몰래

아름다운 또 다른 고향에 가자

해설

윤동주 시가 오래 사랑받는 이유들 중에는 끝까지 순결하고자 했던 시인의 마음이 있을 것이다. 그의 시에 많이 등장하는 부끄러움은 순결함이 훼손될 때 느껴지는 감정이다. 그런데 그 순결함의 가치가 윤동주의 시에서는 죽음을 담보로 표현되는 경우가 많다. 〈서시〉에서는 "죽는 날까지"로 부끄러움 없이 살고 싶다는 마음의 진실됨을 표현하며, 〈별 헤는 밤〉에서는 언젠가 부끄러움이 없어지리라는 기대를 "무덤 위에 파란 잔디가 피어나듯이"로 비유한다. 〈또 다른 고향〉에서는 그 죽음이 '백골'로 형상화되어 있다. 주목할 부분은 백골이 고향과 동일시된다는 점이다. 멀리 있으면 그립고 찾아가면 편안히 쉴 수 있는 곳이 여느 고향일 텐데, 고향을 찾아간 화자는 안식과 불안을 동시에 느낀다. 고향이 주는 안식과 시대 상황이 주는 불안 속에서 그는 백골이 환기하는 죽음을 고향과 포개놓으면서 안식을 포기하고 고난을 선택한다. 그 고난은 타성을 떨쳐내는 길이자 끝까지 순결하고자 하는 길이었으며, 시대의 정신을 따르는 길이었다.

황성옛터

왕평(王平, 1908-1940)

황성옛터에 밤이 되니 월색만 고요해
폐허에 서린 회포를 말하여 주노라
아아 외로운 저 나그네 홀로이 잠 못 이뤄
구슬픈 벌레소리에 말없이 눈물져요

성은 허물어져 빈터인데 방초만 푸르러
세상이 허무한 것을 말하여 주노라
아아 가엾다 이 내 몸은 그 무엇 찾으려
끝이 없는 꿈의 거리를 헤매어 있노라

나는 가리로다 끝이 없이 이 발길 닿는 곳
산을 넘고 물을 건너서 정처가 없이도
아아 한없는 이 설움을 가슴 속 깊이 안고
이 몸은 흘러서 가노니 옛터야 잘 있거라

해설

〈황성옛터〉는 1928년 발표되었고, 1941년 국민가수 남인수가 다시 불러 널리 알려진 대중가요다. 일본 가곡 〈황성의 달〉과도 닮아있다고 하는데, 노래 가사만 따지면 일본 가곡이 삶의 허무에 초점을 맞춘 반면 한국 가요는 나그네의 시름에 초점을 맞추었다는 차이가 있다. 황무지가 된 성터를 뜻하는 '황성옛터'에 나그네가 들렀다. 여러 곳을 떠도는 이가 나그네이고 늘 한 자리를 지키는 것이 성이다. "그 무엇 찾으려" "헤매고" 있는 사람이자 "정처"가 없어서 "설움을 가슴 속 깊이 안고" 가는 사람인 이 나그네에게 황성옛터는 정처를 가질 필요성에 회의를 안긴다. 살아 세운 업적 모두 언젠가는 폐허가 된다는 사실을 눈앞에 보여준 것이 황성옛터인 것이다. 발걸음을 멈출 수 없게 된 나그네는 계속해서 '꿈의 거리'를 찾아 떠돌겠다며 노래를 마무리한다. 정처를 '찾으려' 했던 원곡의 맥락을 대중들은 시대에 맞게 '되찾으려 했던'으로 비틀어 여겼기 때문에 국민가요가 되었던 것은 아닐지 싶다. 〈황성옛터〉는 왜색 논란이 있었음에도 불구하고 총독부에서 확산을 막기 위해 금지곡으로 지정했었다고 한다. 존재의 허무와 역사의 수난이 중첩된 노래가 〈황성옛터〉이다.

2 중국 시

성 남쪽에서의 전투 戰城南

〈한요가(漢鐃歌)〉(《악부시집(樂府詩集)》, 기원전 1세기 전후)

성 남쪽에서 싸우다 성곽 북쪽에서 죽었네.
들판에서 죽어 묻지도 못하니 까마귀가 뜯어먹네.
날 위해 까마귀에게 말해주오,
"잠시 전사자를 위해 곡은 해야지
들판에서 죽어 묻지도 못했는데
썩은 육신이 어찌 그대에게서 달아날 수 있겠는가?"라고.

물은 깊고 맑아서
부들과 갈대 우거졌는데,
날랜 말은 전투에서 죽고
둔한 말만 서성대며 우네.

공사하는 사람들
어째서 남으로 북으로 다녀야 하나?
벼와 기장 수확하지 않으면 임금은 무엇을 드시나?
충신이 되고 싶다 한들 어떻게 될 수 있겠나?

그대 훌륭한 병사들 그리워하노니

훌륭한 병사들은 진정 그리워할 만하네.

아침에 출정을 나갔다가

저녁이 되어도 돌아오지 않으니.

해설

이 시는 전쟁터에서 죽은 병사의 말을 빌려 전쟁으로 인한 참상을 사실적으로 묘사한 것이다. 전쟁은 유사 이래로 전염병, 기근과 함께 대규모의 죽음을 초래하는 원인이 되어왔다. 기원전 1세기 전후의 중국에서는 한나라 왕조가 북방 이민족인 흉노와 끊임없이 전쟁을 벌였다. 역사책에는 한나라가 승리를 거두었다고 기록되어 있으나, 그 과정에서 많은 한나라 병사가 목숨을 잃었다. 이 시는 그렇게 전쟁터에서 죽어간 이름 모를 병사의 슬픈 노래이다. 이 병사는 한 성을 둘러싸고 벌어진 전투에서 희생되어 까마귀 밥이 되고 말았다. 병사는 곡도 하지 않는다고 까마귀를 나무라지만, 사실은 전사자를 거두어 장사 지내지 못하는 국가에 대한 불만을 표한 것으로 보인다. 맑은 강의 부들과 갈대가 증명해 줄 수 있을까? 날랜 말과 용감하게 싸우다 스러진 것을. 병사의 탄식은 나라 걱정으로 이어진다. 농민 출신인 이들은 전쟁터뿐 아니라 만리장성 축조와 같은 공사판에도 불려 다니느라 농사를 지을 틈이 없다. 백성이 농사를 못 지으면 임금님은 무엇을 드시려 하나? 오늘도 출정 나간 병사들이 들판에서 죽어간다.

상동문에서 驅車上東門

〈고시십구수(古詩十九首)〉(2세기 전후)

낙양의 상동문으로 수레를 몰아
멀리 성곽 북쪽의 무덤들을 바라보노라니,
백양나무 우수수 소리를 내고
소나무와 측백나무 무덤 앞 길에 늘어섰다.

그 아래로 오래전에 죽은 사람들
어둑어둑 긴 밤 곁으로 가서,
황천 아래 깊이 잠든 채
천 년 동안 길이 깨어나지 않는다.

한없이 계절은 바뀌어가건만
사람의 목숨은 아침 이슬과도 같고,
인생이란 잠시 머물다 가는 것이라
수명이 쇠나 돌처럼 단단하지 않다.

만 년 동안 갈마들며 저승으로 보내니
성현이라도 이를 넘어설 수 없고,
단약을 먹으며 신선세계를 추구하던 이들

대부분 단약으로 잘못 되었으니,

차라리 맛난 술 마시고

비단옷 입는 게 더 낫더라.

해설

이 시는 '고시 19수'라는 이름으로 전해지는 한나라 무명 시인의 시 열아홉 편 가운데 열셋째 편이다. 시인이 수레를 몰아 도착한 곳은 한나라의 수도 낙양의 상동문이다. 이 문을 나서면 당시 공동묘지가 조성된 북망산(北邙山)이 있었다. 백양나무, 소나무, 측백나무 등은 모두 묘지 부근에서 자주 볼 수 있는 나무들이다. 시인은 무덤의 주인을 떠올리면서 죽음에 대한 상념에 잠긴다. 망자들은 죽은 사람이 간다고 알려진 황천에서 다시는 깨어나지 못할 잠에 빠져있다. 그들은 겨울이 가고 봄이 오는 것도 아랑곳하지 않는다. 북망산이 일깨워 주는 사실은 사람의 수명이란 영원할 수 없기에 모든 사람은 결국 죽는다는 것이다. 더 똑똑하고 잘난 이라고 이 법칙을 피해 갈 수 없고, 단약(丹藥)을 먹고 불로장생의 신선이 되려고 해본들 부질없다. 그렇다면 살아생전에 어떻게 해야 할까? 목숨이 붙어있을 때 하루라도 더 잘 입고 잘 먹는 '호의호식(好衣好食)'이 최고라고 시인은 결론짓는다. 죽음이라는 숙명을 극복할 만한 뾰족한 수단이 없었던 시대의 향락주의로 이해할 만하다.

어린 아들의 죽음 雜詩二首 其二

공융(孔融, 153-208)

멀리 새로 길 떠나는 나그네 배웅하고
세밑에야 집에 돌아와서,
문에 들어서자마자 사랑하는 아들 찾았더니
처첩들이 나를 향해 슬퍼하네.

아들을 볼 수 없게 되었다는 말 들을 때
날은 이미 빛이 잠기었는데,
외로운 무덤이 서북쪽에 있고
항상 당신이 더디 온다고 걱정했단다.

옷을 걷고 무덤에 오르니
다만 쑥과 야생 콩만 보일 뿐,
백골은 황천으로 돌아가고
육신은 먼지를 타고 날아갔네.

살아서도 아비를 알아보지 못했는데
죽은 뒤에 내가 누군 줄 알겠는가,
외로운 혼이 밤새 노닐다가

바람에 나부껴 어디에 의지할 텐가.

사람이 살면서 자식을 두고자 하는데
너의 죽음을 내가 추모하게 되다니,
고개를 숙였다 올렸다 하며 마음 아파하다가
저도 모르게 눈물이 옷자락을 적신다.
인생에는 본디 운명이 있다지만
다만 살았던 날이 짧은 것 한스럽구나.

해설

이 시는 어린 아들의 죽음을 뒤늦게 확인한 아버지의 애달픈 마음을 담은 것이다. 고대에는 영유아의 사망률이 대단히 높았다. 현대에 비해 위생과 발육 환경이 현저히 뒤처졌기 때문일 것이다. 시인이 일이 있어 출타했다가 집에 돌아와 보니 어린 아들이 이미 죽은 뒤였다. 무덤으로 아들을 찾아가니 벌써 무덤은 쑥과 야생콩에 뒤덮였다. 황천에 갔든 하늘로 갔든 아들을 더 이상 볼 수 없다는 사실이 분명해진다. 살아서는 너무 어려서 미처 아비를 알아보지 못했는데 이제 죽어서 영영 골육의 정을 나눌 수 없기에 시인은 더욱 마음이 아려온다. 이 어린 영령이 구천을 외로이 떠돌 때 아비로서 해줄 수 있는 일이 정녕 무엇이란 말인가? 이 아들이 커서 나중에 시인의 죽음을 애도해야 할 것인데, 이제 일이 그만 거꾸로 되었으니 황망한 마음을 어떻게 추스르란 말인가? "부모를 보내면 흙 속에 묻지만 자식을 보내면 가슴에 묻는다"고 했던가? 얼마 살다 가지 못한 아들의 죽음에 시인은 먹먹해질 뿐이다.

나의 죽음 擬挽歌辭三首 其一

도잠(陶潛, 365-427)

삶이 있으면 반드시 죽음도 있기 마련이니
일찍 죽는다고 목숨이 짧다고 할 것 아니다.
엊저녁에는 똑같이 산 사람이었다가
오늘 아침에는 귀신의 명부에 올랐구나.

정신의 기는 흩어져 어디로 가는 것일까?
마른 육신은 텅 빈 나무 관에 놓이건만.
귀여운 아이는 아비를 찾으며 울고
친한 친구는 나를 어루만지며 곡한다.

얻고 잃는 것조차 다시 알지 못하는데
옳고 그름을 어찌 판단하랴?
천추만세가 지난 뒤에는
누가 영광과 치욕을 알겠는가?

다만 한스럽다면 세상에 있을 때
술을 원 없이 마시지 못한 것이랄까.

해설

이 시는 시인이 죽은 사람을 애도하는 만가(挽歌)의 형식을 빌려 가상으로 자신의 죽음을 애도한 것이다. 원시는 모두 세 편으로 구성되어 있다. 첫째 편은 사망 직후, 둘째 편은 발인, 셋째 편은 안장을 묘사했다. 이 시는 그 가운데 첫째 편으로 시인이 죽음을 맞은 날 아침의 모습을 담았다. 시인은 '모든 사람은 죽는다'라는 이치 앞에서 명의 길고 짧음은 의미가 없다고 보았다. 다시 말해서 영원히 사는 것이 아닐진댄 결국 죽음으로 귀결된다는 점에서 큰 차이가 나지 않는다는 것이다. 이어서 시인은 죽음을 맞은 자신의 변화를 이야기했다. 정신과 육신이 분리되면서 정신은 어디론가 흩어져 버리고 육신만 나무 관에 담긴다고 했다. 아직 살아서 정신을 가진 아이와 친구는 울며불며 나의 죽음을 애도한다. 그러나 죽은 나는 그렇지 못해 무엇을 얻고 잃었는지 무엇이 옳고 그른지 무엇이 영광이고 치욕인지 알지 못한다. 여기까지 한껏 상상의 날개를 펼치던 시인은 불현듯 깨달은 바가 있었던 모양이다. 살아있을 때 그 좋아하는 술을 넉넉히 마시지 못하면 죽어서 크게 후회할 것 같다. 애주가다운 발상이다.

죽음 예찬 你道生時樂

왕범지(王梵志, 590?-660?)

당신은 살아있을 때가 즐겁다고 하지만
나는 죽고 나서가 좋다고 생각해.
죽고 나면 무덤 속에서 잠들지만
살아서는 먼 길을 걸어가야 돼.
살아있을 때는 입고 먹는 일 걱정하지만
죽은 귀신에게는 부뚜막이 필요 없어.
바라건대 식탐 많은 귀신이 되어
인가에 들어가 배불리 훔쳐 먹고 싶어.

해설

이 시는 삶보다 죽음이 좋은 이유를 설파하는 내용을 담고 있다. 시인은 대부분의 사람들이 죽음을 싫어하고 삶을 좋아하는 경향에 대해 이의를 제기한다. 그러면서 죽음이 삶보다 더 좋은 이유를 제법 논리적으로 설득하려 든다. 먼저 인생은 고해(苦海), 즉 괴로움의 바다가 아니냐고 했다. 우리가 힘들게 하루를 보내고 밤에 단잠을 이루는 것처럼 죽음은 삶의 괴로움에서 벗어나 편안한 휴식을 얻는 안식처라고 했다. 우리의 삶이 유지되는 한 먼 길을 걷는 고행을 피할 도리가 없다는 것이다. 삶이 힘든 이유는 어떻게든 먹고 살아야 하기 때문이다. 특히 먹는 일은 삶의 큰 과업이다. 오죽하면 "먹고 죽은 귀신이 때깔도 곱다"는 속담까지 있지 않은가? 그러나 귀신은 힘들게 먹거리를 구해 올 필요도 없고, 귀찮게 부뚜막에서 요리를 할 필요도 없다. 죽어서 식탐의 화신인 도철(饕餮)이 되어 남의 집에 들어가 맛있는 음식을 모조리 훔쳐 먹으면 된다. 이 대목에서 우리는 시인의 역설을 인식하게 된다. 죽는 일도 다 먹고 살자고 하는 짓이라는 것 말이다.

임종의 노래 臨終歌

이백(李白, 701-762)

큰 붕새가 날아 천지를 뒤흔들었으나
하늘에서 꺾였으니 힘이 부치는구나.
남은 바람이 만 대(代)를 격동시킬 것이로다
부상(扶桑)에서 노닐다 왼쪽 날개가 걸렸지만.
후인이 얻어서 이를 전하려 해도
공자가 죽었으니 누가 눈물을 흘려주겠는가?

해설

이 시는 일종의 절명시(絕命詩)이다. 절명시는 시인이 세상을 떠나기 직전에 쓴 시를 가리킨다. 시인은 생전에 '하늘에서 귀양 온 신선'을 자처했다. 시인이 62세 되던 해에 병으로 죽었으니 결국 그도 신선은 아니었다. 시인은 생전에 또한 '붕새'를 자처했다. 붕새는 쉬지 않고 6개월을 난다는 전설 속의 새다. 시인은 왕년에 현종의 부름을 받아 시 짓는 능력을 뽐낸 바 있다. 시인은 이를 전설 속에서 해가 뜨는 곳으로 알려진 부상(扶桑)에서 노닐었다고 표현했다. 그러나 이러한 생활은 오래 지속되지 않았고, 그는 곧 하늘에서 꺾여 힘이 부치는 모습을 보였다. 왼쪽 날개가 걸려 더 이상 날갯짓을 하지 못하게 되었던 것이다. 그렇다고 하여 자존감까지 무너질 위인이 아니다. 그는 그가 일으킨 바람이 만 대에 떨칠 것이라고 자신했다. 그는 스스로 지은 묘비명과도 같은 이 시에서 이렇게 걱정했다. "옛날 영험한 동물인 기린이 잡혔다는 말을 듣고 공자가 눈물을 흘렸다는데, 이제 공자 같은 이도 죽고 없으니 누가 붕새의 최후를 슬퍼해 주리오." 그러나 이는 기우(杞憂)로 판명되었다. '이백'이라는 이름은 아직도 인구에 회자되고 있다.

제갈량 蜀相

두보(杜甫, 712-770)

승상 제갈량의 사당을 어디서 찾을까?
금관성 밖 잣나무 빽빽한 곳이로구나.
섬돌에 비취는 푸른 풀은 절로 봄빛
잎 사이 노란 꾀꼬리는 속절없이 좋은 소리.
삼고초려 자주 찾음은 천하를 위한 계책 때문이요
두 조정 열고 경영함은 늙은 신하의 마음이었네.
군사를 내었으나 이기지 못하고 몸이 먼저 죽어
길이 영웅들 눈물 옷깃에 가득 흘리게 하네.

해설

이 시는 삼국시대 촉한(蜀漢)의 승상을 지냈던 제갈량(諸葛亮)의 사당을 찾아 그를 추모한 것이다. 제갈량의 사당은 성도(成都) 교외 유비의 사당 옆에 있다. 제갈량은 유비와 그의 아들 유선을 보좌해 촉한을 이끌어간 인물이다. 시인은 760년 봄 금관성(錦官城)이라는 별칭으로도 불리는 성도에서 제갈량의 사당을 참배했다. 제갈량이 죽은 뒤 어느덧 500여 년의 세월이 흐른 시점이라 인적도 뜸해졌다. 풀과 꾀꼬리가 즐겁게 봄을 맞이하는 곳인가도 싶다고 시인은 감회를 노래한다. 제갈량이 어떤 사람이었던가? 그는 27세 때 저 유명한 '삼고초려(三顧草廬)'로 유비와 '천하삼분지계'를 맺고 숱하게 전장을 누볐던 인물이다. 그로부터 20년이 지난 후 유선에게 〈출사표〉를 올려 북벌에 나선 지 6년째 되던 해 뜻을 이루지 못하고 오장원에서 죽음을 맞이했다. 역사가 사마천은 "어떤 이의 죽음은 태산보다 무겁고, 어떤 이의 죽음은 기러기 털보다 가볍다"고 했다. 시인의 눈물은 제갈량의 죽음이 태산보다 무겁다고 느낀 데서 비롯되었을 것이다. 제갈량처럼 현종과 숙종 두 군주를 모셨던 시인도 "몸이 먼저 죽기" 전에 꼭 이루고 싶은 일이 있어서 목이 메었나 보다.

가을비는 내리고 感諷五首 其三

이하(李賀, 790-816)

남산은 얼마나 슬픈가?
귀기(鬼氣) 어린 비가 텅 빈 풀밭에 쏟아진다.
장안의 깊어가는 가을밤
바람 앞에 늙어가는 이 몇인가?

안개 깔린 황혼의 소로(小路)에서
흔들리는 상수리나무 우거진 길로.
달이 중천에 떠 나무에 그림자 없고
온 산은 새벽이 밝아오는 듯.
도깨비불이 새 사람 맞이하고
음침한 구덩이에 반딧불이 어지럽다.

해설

이 시는 죽어서 땅에 묻히는 슬픔을 소재로 한 것이다. 시인은 어려서부터 병마에 시달리다 26세에 생을 마감했다. 늘 처지를 비관한 탓에 그의 시에는 항상 죽음의 그림자가 짙게 드리워졌다. 시의 첫 구에 보이는 '남산'은 당나라의 수도 장안 남쪽에 있던 종남산(終南山)이다. 이곳에 예전부터 공동묘지가 조성되어 있었고, 시인은 종묘의 제사를 거드는 하급 관리를 맡은 적도 있기에 이곳을 자주 드나들었다. 슬픈 남산의 묘지인 터라 내리는 가을비는 귀신의 기운이 더해진 듯 음산하고, 바람마저 불면 멀쩡한 사람도 한참 늙을 것만 같다. 정신분열의 조짐이 보였던 시인은 어느덧 망상 장애로 내닫는다. 그는 저녁 무렵 안개 자욱한 묘지에서 상수리나무가 바람에 흔들리는 길을 걷는다. 서서히 달이 떠올라 중천으로 내달리면 기다랗던 나무 그림자도 사라지고 동이 터오듯 온 산이 밝아진다. "여기가 저승으로 가는 길목일까? 나는 아직 살아있는 것일까 벌써 죽은 것일까? 새로 죽은 망자를 맞이하는 도깨비불이 나타난 이유는 뭘까?" 시인은 무덤 구덩이에서 어지러이 반짝이는 반딧불이를 바라보며 생과 사의 갈림길에 서있다.

장미가 운다 房中曲

이상은(李商隱, 812-858)

장미는 조용히 울고
푸른 띠 같은 가지에는 꽃들이 동전처럼 작은데,
귀여운 아이는 구름처럼 우두커니
해를 안고 서쪽 발 앞에서 아침을 맞는다.

베개는 용궁의 신비한 돌인 듯
가을 물결 같은 빛깔을 나눠주고 있거늘,
옥 자리는 부드러운 살갗을 잃은 채
그저 푸른색 비단 이불에 덮여있다.

기억하건대 지난해 봄에는
말도 못 하고 쓰라린 슬픔만 안고 있다가,
돌아와 보니 이미 당신은 보이지 않고
비단 슬(瑟)만 사람보다 오래 사는구려.

오늘은 계곡 아래 소나무였다가
내일은 산꼭대기의 황벽나무 될 터이니,
근심스러운 것은 천지가 뒤집히는 때가 되어

서로 보면서도 알아보지 못할까 함이라오.

해설

이 시는 시인이 39세 때 세상을 떠난 아내 왕씨를 추모한 것이다. 시는 왕씨 없이 맞는 아침부터 소개한다. 생전에 왕씨가 정성스레 가꾼 꽃이었을까? 이슬에 젖은 장미가 눈물을 흘리는 듯하다. 그러나 아직 철부지인 아이는 엄마의 죽음을 아는지 모르는지 해가 중천에 떠서야 일어난다. 시인은 아내가 쓰던 이부자리를 아직 치우지 못했다. 베개에는 아직 아내의 눈빛이 남아있는 듯한데, 옥빛 대자리는 이미 아내의 살내음이 사라지려 한다. 아내는 작년 봄부터 병색이 있었지만 외지에서 근무하는 남편이 걱정할까 봐 통증을 애써 감추다가 그만 쓰러지고 말았다. 시인이 집에 돌아왔을 때 아내는 이미 고인이 되어 하늘나라로 떠났다. 시인은 호구지책으로 외지에서 지내다 아내를 건사하지 못했음을 자책하며 괴로워한다. 쓴맛이 난다는 '황벽나무'가 바로 이러한 시인의 마음을 대변하는 소재다. 시인도 언젠가는 아내의 뒤를 따를 터인데 한 가지 걱정이 있다. 하늘나라에서 두 사람이 다시 만나면 과연 서로 알아볼 수 있는 걸까?

항우 생각 夏日絕句

이청조(李淸照, 1084-1155)

살아생전에는 사람 가운데 호걸이 되어야 하고
죽어서는 또한 귀신 가운데 영웅이 되어야 하리.
이제 항우를 떠올리는 것은
강동으로 건너가려고 하지 않았기 때문.

해설

이 시는 항우라는 역사적 인물을 소재로 당시 송나라가 처한 상황에 대해 비분의 심정을 표현한 것이다. 항우는 진나라 멸망 이후의 패권을 두고 유방과 겨루다 패했다. 그의 죽음은 '사면초가(四面楚歌)'라는 절망적 상황으로부터 시작된다. 유방의 군대에 쫓기다 해하(垓下)라는 곳에서 겹겹이 포위된 항우가 사방에서 들려오는 초나라 노래를 들었다는 얘기다. 그 초나라 노래는 유방의 군대에 항복한 항우 휘하의 병사들이 부른 것이었다. 항우는 전세가 기울었음을 직감하고 남은 병사를 추슬러 오강(烏江)으로 후퇴했다. 그곳에는 유방 군의 추격을 피해 강동으로 달아날 수 있는 배가 마련되어 있었다. 이 삶과 죽음의 갈림길에서 항우는 자결을 택해 파란만장한 삶을 30세에서 마감했다. 시인은 이러한 이력의 소유자인 항우를 평가하며 "살아서는 사람 가운데 호걸, 죽어서는 귀신 가운데 영웅"이라고 했다. 1127년 시인이 43세일 때 금나라의 침공을 받은 송나라(북송) 조정은 금나라와 제대로 싸워볼 생각도 없이 강동으로 달아나 남송을 세웠다. 시인은 이에 대해 정신은 죽고 육신만 산다고 해서 그게 산 것은 아니라고 꼬집고 있다.

아이들에게 示兒

육유(陸游, 1125-1210)

죽고 나면 만사가 부질없다는 것 본래 알지만

다만 천하의 통일을 보지 못하는 게 슬프구나.

관군이 북벌에 나서 중원을 평정하는 날

집안 제사 때 너희 아비에게 알리는 일 잊지 말거라.

해설

이 시는 시인이 85세를 일기로 세상을 뜨기 전 유언처럼 남긴 것이다. 시의 내용을 이해하는 데 송나라 역사에 대한 지식이 도움이 된다. 시인이 태어난 지 2년 만에 송나라(북송)는 금나라의 침공을 받아 멸망하고 남쪽으로 달아나 남송 왕조가 시작되었다. 시인은 관리가 된 이후 줄곧 금나라를 쳐서 빼앗긴 옛 영토를 회복하자는 주전론(主戰論)을 견지했다. 그러나 북벌이 성공을 거두지 못하자 남송 조정에서는 금나라와 평화적 관계를 유지하자는 주화론(主和論)이 득세했다. 주화론자들은 여러 가지 구실로 주전론자인 시인을 비방했고, 결국 시인이 세상을 뜰 때까지 북벌은 이루어지지 않았다. 노쇠하여 병상에 눕게 된 시인은 겨울을 지내며 병세가 악화되자 죽음을 예감했다. 평생 금나라에 맞서 중원 땅을 되찾아야 한다고 부르짖었던 시인은 저승에 가고 나면 이승에서의 일은 모두 부질없게 된다고 생각하면서도, 평생의 소원을 이루지 못하고 눈을 감아야 한다는 것이 못내 한스럽다. 그래서 염원하던 그날이 오면 제삿날에 꼭 자신에게 알리라고 자식들에게 당부한다. 그때 시인의 장남이 벌써 65세나 되었으니 제목의 '아이들'은 송나라의 모든 후손으로 이해하는 것이 좋겠다.

사이별 死離別

방중현(方仲賢, 1585-1668)

예전에 생이별이란 말을 들었어도
사이별이란 말은 못 들었는데,
생이별이든 사이별이든
나는 혼자 몸으로 맞닥뜨렸네.

북풍이 마른 뽕나무에 불어대며
밤낮으로 날 위해 슬퍼하지만,
위로는 푸른 하늘만 보이고
아래로는 어린 자식도 없네.

사람의 삶이 죽음만 못해
부모님이 울며 나를 붙잡으시고,
꾀꼬리는 각자 동서로 흩어지고
가을풀 또한 들쭉날쭉.

나는 살아서 무엇을 할 것이며
나는 죽어서 무엇을 할 것인가,
밝은 대낮에도 이와 같으리라는 걸

내 마음이 스스로 알다마다.

해설

이 시는 시인이 결혼 생활 1년여 만에 남편과 어린 딸을 저 세상으로 보내고 느끼는 비통함과 고독을 표현한 것이다. 〈고시 19수〉 가운데 한 수에 "그대와 생이별하였네"라는 구절이 있는데, 시인은 이 구절에 착안해 자신의 황망한 처지를 '사이별'이라고 했다. '생이별'은 만날 기약 없이 헤어지기는 했을망정 살아있는 것이지만, '사이별'은 죽음이 갈라놓은 이별인데 그것을 몸소 겪게 되었다고 하소연했다. 이제 갓 18세인 여인이 결혼한 지 몇 달 만에 남편과 사별하게 된 것도 감당하기 어려울진대, 삶의 희망이었던 생후 9개월 딸마저 엄마 곁을 떠나는 것을 어찌 견뎠을지 먹먹해진다. 마른 뽕나무에 불어오는 바람이 아무리 시인을 위로해준대도 부질없는 일이다. 시인은 시부모에게 양해를 구하고 친정으로 돌아왔다. 부모님은 삶의 의욕을 잃게 된 시인을 애써 달래보지만, 시인의 눈에는 더 이상 봄을 노래하는 꾀꼬리도 가을을 알리는 풀도 들어오지 않는다. 시인은 삶과 죽음의 경계에 서 있는 것처럼 보인다. 다행히 시인은 이 암흑의 시간을 잘 버티고 83세에 생을 마감할 때까지 부지런히 창작 활동을 지속했다.

아직도 죽지 못하고 臥病旬日未已閑書所感

황종희(黃宗羲, 1610-1695)

이 땅에서 어찌 다시 나날을 보낼까?
이 몸은 부끄러이 등불 앞에 있다.
꿈속에서 목 놓아 우니 아들이 나를 깨우고
하늘 끝에서 혼을 부르니 새가 제사에 내려온다.
좋은 친구들은 대부분 충절의 전기에 실리련만
사람 마음은 절교의 글로는 사라지지 않는다.
이제까지 몇 번이나 죽으려 했던가?
아직도 죽지 못하고 병들어 잠든다.

해설

이 시는 청나라에 나라를 빼앗긴 명나라 유민의 비통한 심정을 표현한 것이다. 시인이 34세 때 명나라는 만주족의 손에 넘어갔다. 시인도 명나라의 지식인으로서 나라를 잃은 책임을 통감한다. "죽는 날까지 하늘을 우러러 한 점 부끄럼이 없기를" 소망한 윤동주의 마음일까? 시인은 부끄러움이 앞선다. 을사조약이 체결된 후 《황성신문》에 〈시일야방성대곡〉이라는 논설을 게재한 장지연의 마음일까? 꿈속에서 목 놓아 우는 시인을 아들이 깨운다. 민영환처럼 나라를 빼앗긴 분을 이기지 못하고 자결한 이도 있었을 터. 시인이 그들의 혼령을 부르니 남쪽의 일곱 별이 새가 되어 제사에 내려와 혼령을 위로한다. 이들처럼 청나라에 맞서 명나라를 지키려 했던 이들은 '충절'로서 위인전에 실릴 것이다. 반대로 변절하여 청나라에 빌붙은 이들도 있으니 이들에게 절교의 글을 보내는 것만으로는 마음이 가라앉지 않는다. 이민족이 지배하는 땅에서 사는 것이 무슨 의미일까? 시인은 차마 죽지 못하고 병석에 누워있는 자신이 더 한심하다.

나를 묻어다오 葬我

주샹(朱湘, 1904-1933)

나를 연꽃 핀 연못 속에 묻어다오
귓가에 지렁이 꿈틀거리는 소리 들리도록.
푸른 연잎 등불 위에서
반딧불이가 이따금 깜빡거리지.

나를 자귀나무 아래에 묻어다오
영원히 향기로운 꿈꾸도록.
나를 태산 마루에 묻어다오
바람 소리가 흐느끼며 외로운 소나무 지나가도록.

그게 아니라면, 나를 화장해 재로 만들어
넘실거리는 봄 강에 뿌려다오.
떨어지는 꽃잎과 함께 떠내려가게
아무도 모르는 곳으로.

해설

이 시는 영면(永眠)으로 귀의하고자 하는 시인의 허무의식을 드러내고 있다. 시인은 죽음은 두려움의 대상이라기보다 안식의 시간으로 여기고 있다. 마치 편히 살 곳을 찾듯이 죽어서 편히 쉴 곳을 소망한다. 시인이 선호하는 그곳은 '연꽃 핀 연못 속', '자귀나무 아래', '태산 마루' 등이다. 이들 장소에는 나름의 장점이 있기 때문이다. 지렁이와 반딧불이 같은 미물과 가까이하거나 향기로운 꽃내음을 맡거나 소나무를 스치는 바람 소리를 들을 수 있는 것이다. 이 모든 것은 자연으로의 귀의를 드러낸다. 죽음의 속성이 그렇다는 생각이다. 여기서 시인은 한 걸음 더 물러선다. 죽음 이후에 내 육신이 어디서 무엇을 향유하고자 하는 것도 사치일 수 있다. 그래서 시인은 육신마저 버리고, 편히 쉴 곳마저 버리고 미지의 그 어느 곳으로 떠나고자 한다. 죽음은 삶의 거울이다. 시인은 죽음 이후의 지향점을 언급함으로써 궁극적으로 무욕(無欲)으로 나아가고자 하는 삶의 태도를 드러내려 한다.

샤오훙의 무덤 蕭紅墓畔口占

다이왕수(戴望舒, 1905-1950)

여섯 시간 동안 쓸쓸한 먼 길을 걸어

네 머리맡에 붉은 동백꽃 한 다발을 놓았다.

나는 기다렸지, 밤이 아주 깊도록

너는 그런데 누워서 파도의 한담을 듣더라.

해설

이 시는 시인이 폐결핵으로 세상을 떠나 홍콩 천수만(淺水灣) 인근에 묻힌 작가 샤오훙(蕭紅)의 무덤을 찾아 즉석에서 지은 것이다. 시인과 샤오훙의 인연은 이 시가 창작된 1944년에서 몇 년 정도 거슬러 올라간다. 1938년 홍콩에 정착한 시인은 《성도일보(星島日報)》의 부간 《성좌(星座)》의 편집을 맡았다. 그는 당시 루쉰의 제자로서 충칭에 거주하던 샤오훙에게 연락해 《성좌》에 기고를 권했다. 샤오훙은 그의 대표작 가운데 하나라 할 〈후란강 이야기〉를 바로 이 《성좌》에 발표했다. 이후 샤오훙이 남편과 함께 충칭에서 홍콩으로 이주해 왔을 때에도 시인은 이들을 정성껏 도와주었다. 1942년 샤오훙이 죽자 시인은 바다가 보이는 홍콩 섬 남쪽 천수만의 묘지에 샤오훙을 안장했다. 2년 후 시인은 '고결함'을 상징하는 동백꽃 한 다발을 준비해 다시 여섯 시간을 걸어 묘지를 찾는다. 이 '여섯 시간'은 '밤'과 함께 시인이 망자인 샤오훙에게 다가가는 데 필요한 시간적 배경일 것이다. 그런데 묘지에 누워있는 샤오훙의 영혼은 더없이 평온해 보인다. 두 사람이 간절히 염원하던 중일전쟁의 끝이 보였기 때문일지도 모른다.

3 일본 시

소리로 모두* 声にみな泣きしまふてや蟬の殼

마쓰오 바쇼(松尾芭蕉, 1644-1694)

소리로 모두 울음을 터뜨리네 매미의 허물

해설

이 시는 매미의 짧은 생을 통해 삶의 무상함을 보여준다. 매미는 유충으로 몇 년의 시간을 보내야 성충이 되는데, 성충은 한 달여밖에 살지 못한다. 매미는 가장 뜨거운 시기인 여름 생의 정점을 맞아 강렬한 울음소리로 생의 순간을 알리지만, 그 생은 여름 한 철을 넘기지 못하고 소멸된다. 있음은 찰나에 지나지 않고 텅 빈 허물만 남아 존재의 흔적을 보여줄 뿐이다. 우리의 삶 또한 매미의 삶과 다르지 않다. 우렁찬 울음소리로 삶을 시작하지만 생은 유한하며 곧 바스러져 버릴 바싹 마른 허물만이 지나간 삶이 있었음을 알려준다. 생의 순간은 물컹한 육신에서 나오는 무수한 소리로 채워지고, 그것이 다하는 날 정적만이 감돌 뿐이다.

---

* 이 시의 갈래는 하이쿠로, 하이쿠는 5·7·5의 음수율을 지닌 17자로 된 일본의 정형시이다. 하이쿠는 작품의 제목이 없기 때문에 이 책에서 소개하는 하이쿠는 첫 5자의 내용을 제목으로 기재했다.

땅에 묻으면 土に埋めて子の咲く花もある事か

우에지마 오니쓰라(上島鬼貫, 1661-1738)

땅에 묻으면 아이로 피는 꽃도 있는 것일까

해설

이 시는 먼저 세상을 떠나버린 아이를 그리워하는 부모의 절박한 심정을 담고 있다. 땅에 씨앗을 뿌리면 꽃은 똑같은 모습으로 또 피어난다. 꽃의 죽음은 죽음으로 끝나지 않고 씨앗으로 전해져 같은 형상과 이름으로 이어진다. 하지만 그 순환의 이치가 아이에게는 해당되지 않는다. 아이를 땅에 묻고 나면, 아이는 더 이상 이 세상에 존재하지 않는다. 그 사실을 잘 알고 있지만, 그것을 사실로 받아들이기가 쉽지 않다. 땅에서 돋아나 피어나는 꽃을 볼 때면, 보드랍고 향기로운 꽃처럼 아이가 꼭 살아 돌아올 것만 같다. 그렇기에 살아나 꽃 피우는 것을 보면 마음이 아파온다.

실제 오니쓰라는 그의 첫 아이를 먼저 떠나보냈다. 병으로 어린 아이를 떠나보내고, 그는 이 시를 썼다. 세상에서 가장 슬픈 소리는 자식을 먼저 떠나보낸 부모의 울음소리라 한다. 이 세상에서 자신을 가장 닮은, 피와 살을 내어준 아이를 먼저 떠나보낸 부모의 비통한 심정은 그 어떤 말로도 이루 다 할 수 없으며, 그 상실감은 결코 치유되지 않는다. 아이가 떠난 후 부모의 삶은 아이를 그리워하는 시간으로 채워질 뿐이다. 오니쓰라는 죽은 후 아이가 묻힌 곳에 함께 묻혔다.

주무시는데 寝すがたの蠅追ふもけふがかぎり哉

고바야시 잇사(小林一茶, 1763-1828)

주무시는데 파리 내쫓는 것도 오늘까진가

해설

이 시는 병상에 누워 임종을 앞두고 있는 아버지를 향한 자식의 애달픈 마음을 그리고 있다. 아버지는 병세가 심해 내일을 예측하기 힘들 정도로 위중한 상태다. 기력이 없는 아버지는 잠만 주무시고, 파리는 죽음의 그림자가 드리운 아버지의 육신을 향해 끊임없이 달려든다. 아무리 뿌리쳐도 집요하게 달려든다는 점에서 파리는 죽음과 닮았다. 파리가 귀찮게 달려들어도 아버지는 아무런 움직임 없이 가만히 누워만 계신다. 숨이 꺼져가는 아버지를 바라보는 아들은 파리를 쫓는 일 이외에 할 수 있는 게 없어 애석하지만, 그 또한 오늘이 마지막이 될 것만 같아 두려움이 엄습한다.

잇사는 아버지의 임종 전날 이 시를 썼다. 병든 아버지를 지켜보며 그가 쓴 글은 《아버지의 임종 일기(父の終焉日記)》로 발간되었다.

가래가 한 말 痰一斗糸瓜の水も間に合わず

마사오카 시키(正岡子規, 1867-1902)

가래가 한 말 수세미의 수액도 때가 늦어져

해설

이 시는 시키가 세상을 떠나면서 남긴 절명시(辭世句) 3수 중 하나이다. 절명시 3수에는 모두 수세미가 등장하는데, 이로 인해 그의 기일은 수세미기일(糸瓜忌)로 불린다. 시키는 결핵으로 인해 삶을 마감하게 된다. 결핵에 걸리면 가래가 생기는데, 수세미 수액은 가래 치료에 효과가 있다고 알려져 있다. 가래의 양이 한 말에 이를 정도로 많다는 것은 호흡이 힘들 정도로 위독한 상태임을 암시한다. 가래를 줄이기 위해 수세미 수액을 마시지만, 수액을 준비하는 시간보다 병이 악화되는 속도가 더 빠르다. 악화된 병세를 늦추기에 이미 때는 늦어버렸다.

표박 漂泊

이라코 세이하쿠(伊良子清白, 1877-1946)

거적문에
가을바람 불어와
강가의 여관 쓸쓸하네
가련한 나그네는
해 질 녘의 하늘을 바라보며
나지막이 노래 시작하네

돌아가신 어머니는
소녀가 되어
하얀 이마 달에 나타나고
돌아가신 아버지는
소년이 되어
둥근 어깨 은하를 건넌다

버들가지 사이로
밤의 강물 희고
강 건너 안개의 들판에
희미한 피리소리 있어

나그네 가슴을 건드리네

고향의
골짜기의 노래는
이어질 듯 끊어질 듯 서글퍼라
넓은 하늘의 메아리 소리와
땅속의 신음 소리가
어울려 조화는 깊어지네

나그네에게
어머니는 머문다
젊은이에게
아버지는 내려온다
들판의 피리 연기 속으로
아련한 선율은 남아있네

나그네는
계속 노래하네

갓난아이인 과거로 돌아가

미소 지으며 노래 이어가네

해설

이 시는 돌아가신 부모님을 향한 나그네의 애틋한 그리움을 그리고 있다. 우리의 궁극적인 고향은 부모님의 품속이기에 부모님을 떠나 보낸 이에게 삶은 정처 없는 방랑의 길과 다름없다. 홀로 방랑의 길을 걷는 나그네가 하룻밤을 묵기 위해 강가의 여관에 머문다. 그 여관은 가을바람도 제대로 피하기 어려운 거적문의 초라한 공간이다. 쓸쓸함에 애달픈 마음이 이는 나그네는 해 질 녘의 하늘을 바라보며 노래를 부른다. 노래는 옛 기억으로 가닿아 돌아가신 부모님의 모습을 떠올리게 한다. 돌아가신 부모님의 젊은 시절의 모습이 해 질 녘 가을하늘에 펼쳐진다. 하늘거리는 버들가지 사이로 보이는 강물은 밝은 달빛이 비쳐 하얗게 빛나고, 강 너머 물안개 핀 들판까지 피리소리가 퍼져나간다. 강물은 달빛을 통해 하늘과 맞닿은 것 같고, 강의 이편과 저편은 피리소리를 통해 연결된다. 어린 시절 고향에서 불렀던 노래는 이어질 듯 끊어질 듯 쓸쓸하고 적막한 공간을 채운다. 그리고 나를 에워싼 노래는 넓은 하늘에 메아리로 울리고 땅속까지 전해진다. 더 이상 그 시절로 돌아갈 수 없기에 사무치는 그리움은 노래로 울려 퍼지고, 하늘과 땅을 울리는 그 소리에 부모님이 함께 계시는 것만 같다. 자신의 삶의 근원인 부모님을 모두 여의고 채워지지 않는 허전함에 계속해서 길을 떠나는 나그네에게 노래는 부모님과의 추억을 소환시켜 주는 매개가 된다. 그렇기에 나그네는 계속 길을 떠나고 계속 노래를 이어간다.

너 죽지 마라(뤼순 포위군에 있는 동생 소시치를 한탄하며)

君死にたまふことなかれ(旅順の攻囲軍にある弟宗七を歎きて)

요사노 아키코(与謝野晶子, 1878-1942)

아아 동생아 너로 인해 운다,
너 죽지 마라.
막내로 태어난 너이기에
부모의 애정 또한 각별하건만,
부모가 손에 칼을 쥐어주면서
사람을 죽이라고 가르쳤느냐,
사람을 죽이고 죽으라고
스물넷이 되도록 키웠겠느냐.

사카이 거리 상인의
유서 깊은 가게의 주인으로서,
부모의 이름을 이을 너이기에,
너 죽지 마라.
뤼순성(城)은 멸망해도,
멸망하지 않아도, 무슨 소용인가,
너는 모르는가, 상인의
집안 관습에 없는 것을.
너 죽지 마라.

천황 폐하는, 전쟁에
자진해 출정하지 않는다,
서로 피를 흘리게 하고,
짐승의 길에서 죽으라니,
죽음을 사람의 명예라고 하다니,
그분 마음이 깊다면,
애초에 그렇게 생각하시겠는가.

아아, 동생아, 전쟁에서
너 죽지 마라.
지난 가을 아버님을
여의신 어머님은,
탄식 속에서, 애처롭게도,
당신 자식이 불려가도, 집을 지키고,
태평하다는 천황 폐하의 치세에도
어머니의 흰머리는 늘어간다.

포렴 그늘에 엎드려 우는

가냘픈 어린 신부를
너 잊었느냐, 생각하느냐.
열 달도 못 보내고 헤어진
소녀의 마음을 생각해 보렴.
이 세상 하나뿐인 너를 두고
아아 또 누구를 의지하겠는가.
너 죽지 마라.

해설

이 시는 전쟁터에 있는 동생을 향한 누이의 염려와 당부가 격정적인 어조로 표현되어 있다. 한 집안의 막내이자, 전통 있는 거리의 유서 깊은 가게의 대를 이어갈 동생이 가족의 품을 떠나 전쟁터에 나가있다. 부모가 애지중지 키워온 그의 손에는 사람을 죽이라고 칼이 쥐어진다. 하지만 동생을 전장으로 내몬 천황은 정작 자기 자신은 진두지휘만 할 뿐 전장에 나서지 않고, 참전한 청년들에게 국가를 위한 죽음은 명예로운 것이라 말하며 그들이 서로가 서로를 앞다투어 죽이도록, 목숨을 걸고 국가를 위해 헌신하도록 조장한다. 부국강병의 미명 아래 차출되는 자식을, 동생을, 남편을 지켜봐야만 하는 이들의 마음은 애달프기 그지없다. 자식 걱정에 어머니의 흰머리는 늘어가고, 남편 걱정에 아내는 엎드려 운다. 개인을 무참히 희생시켜 이룩한 국가의 태평성대가 그들에게는 고통의 나날일 뿐이다.

이 시는 러일전쟁을 배경으로 한다. 러일전쟁이 발발하고 뤼순은 군사 요충지로 자리했다. 뤼순을 점령하는 것이 중요하다는 것은 그곳에서 격전이 발생할 것임을, 그 격전에 많은 희생자가 따를 것임을 의미한다. 전쟁의 승리를 위해 사지로 내몰린 많은 청년들 중 아키코의 동생 소시치도 있었다. 아키코는 국가전체주의 사상이 팽배하던 당시, 국가의 목적을 위해 개인의 생명에 위협을 가하는 현실에 문제를 제기한다. 당시 이러한 목소리는 국가 체재에 반기를 드는 태도로 인식되어 위험에 처할 수 있음에도 불구하고, 그녀는 개인의 희생을 강요하는 국가의 폭력성을 강경한 태도로 비판한다.

민들레 *たんぽぽ*

기타하라 하쿠슈(北原白秋, 1885-1942)

우리 친구는 스스로 목숨을 끊었고, 그의 피로 얼룩진 시체는 그 자리에서 조용히 들것에 실려, 그의 집으로 돌아갔습니다. 동행하는 사람 한두 명, 애처로운 석양 속에서 우리는 그저 민들레 꽃씨를 밟고 걸었습니다. 친구, 그해 나이 19, 이름은 나카지마 시즈오.

붉은 피는 민들레의
꿈의 오솔길로 방울져 떨어진다,
너의 슬픈 들것은
홀로 석양에 흔들리며 간다…………

붉은 피는 민들레의
노란 꽃봉오리를 물들인다,
너의 슬픈 상흔에
봄내음도 스며든다…………

붉은 피는 민들레의
낮의 피로를 스쳐간다,
둥둥 흩날리는 민들레의

둥근 꽃씨를, 산들바람을…………

붉은 피는 민들레로,
오늘의 석양도 민들레로,
아무런 소리 없는 들것의
자취도, 영혼도 민들레로.

붉은 피는 민들레의
들녘을 미세하게 흔든다.
반쯤 무너지고, 여전히 작은,
추억들의 그 꿈으로.

붉은 피는 민들레의
그늘의 습기에 산산이 흩어진다,
너의 슬픈 상흔에
벌레 우는 소리도 잦아든다…………

붉은 피는 민들레의

오늘의 흔적에 방울져 떨어진다,

너의 슬픈 들것은

홀로 석양에 흔들리며 간다…………

해설

이 시는 작품의 도입에서 밝히고 있듯, 19살에 스스로 생을 마감한 친구 나카지마 시즈오의 죽음을 애도하는 추도시다. 자신의 손으로 스스로 목숨을 거둔 친구의 유해는 피로 얼룩져 들것에 실려 집으로 돌아간다. 더 이상 스스로 걷지 못하게 된 친구는 다른 이의 다리를 빌려 집으로 돌아가고, 그 곁을 지키는 사람은 한두 명뿐이다. 만물이 소생하는 봄도, 노란 민들레가 핀 양지바른 길도, 친구의 피로 물든다. 그 슬픈 상흔에 봄내음도, 벌레 우는 소리도 사그라든다. 그에게도, 그 옆을 지키는 친구에게도, 집으로 돌아가는 마지막 길은 적막하고 쓸쓸하다. 모든 것이 추락할 때, 민들레 꽃씨가 난다. 붉게 물들어 일렁이는 풍광 속에서 한 생을 다한 넋처럼 하얗게 민들레 꽃씨는 떠오른다. 마치 환각처럼, 친구의 마지막 가는 길은 눈앞에 펼쳐진 흔들림으로 채워진다.

하쿠슈의 친한 벗이자 문학의 동반자였던 나카지마 시즈오는 1904년 스스로 짧은 생을 마감한다. 1904년은 러일전쟁이 발발한 해다. 그들이 살았던 메이지 시대는 군국주의 체제하에서 부국강병을 주창하던 때로, 러시아와의 전쟁을 목전에 두고 일부 지식인들은 전쟁에 반대하는 목소리를 냈는데 시즈오는 그에 공감한다. 국가 체제에 순응하지 않는 이들을 향한 무자비한 폭력은 시즈오에게 러시아 군사 스파이라는 혐의를 덧씌운다. 이로 인해 그는 열아홉의 나이에 스스로 세상을 떠나고 만다. 하쿠슈는 그런 친구의 죽음을 마주하고, 그의 가는 넋을 위로하고자 이 시를 썼다.

작은 무덤 小さき墓

이시카와 다쿠보쿠(石川啄木, 1886-1912)

그는 지금 돌아왔다, 고향의
오래된 밤나무 그늘에—
그 아래에 아이는 잠들어, 스무 해를
아버지가 가져다 둔 꽃도 보지 못하고.

아아, 스무 해를 봄이 오면, 잎 돋아나고,
새가 울지, 작은 무덤 그 위에.
또한, 스무 해를 가을이 오면, 잎 떨어져 깔리고
열매도 떨어지지, 편히 잠든 그 위에.

그는 지금 돌아왔다, 몹시 긴
여행에서. — 그는 바다를 보고, 산을 보고, 또,
옛 자취와, 내세의 도시를 보았다.
네가 보지도 못한, 여동생은 어떤 이와 결혼했다.

하지만, 지금, 그는 말하지 않지, 외국의
항구들에서의 이야기, 또 눈썹 젊은
연인과 손을 맞잡고 야자나무의

그늘 걷는 여동생의 그 행복을.

그렇지만, 너 또한 묻지 마. 아이야, 단지,
그 최후의 날의 웃음으로 그를 맞아줘.
“네 아버지는 너를 부러워한다”라는 단 한마디,
차가운 비석에 입 맞추고 그는 중얼댄다.

해설

이 시는 어린 아이를 먼저 떠나보내고 20년이 지난 후 아이의 무덤을 다시 찾은 아버지의 심정을 읊은 것이다. 고향 땅에 아이를 묻고 오랜 시간 밖으로 떠돈 아버지가 다시 아이의 무덤 앞에 섰다. 20년의 세월이 흘렀지만 아이의 무덤은 묻힐 때 그대로 작은 무덤이다. 봄이 오면 무덤 위에 잎이 돋아나고 가을이 오면 그 위에 잎이 쌓인다. 자연은 계속해 순환하지만 무덤은 여전히 그대로 있다. 바다와 산과 오래된 유적과 내세의 도시를 볼 정도로 오랜 시간 긴 여행을 한 아버지의 삶은 안착할 수 없는 시간의 연속이다. 그 시간 동안 죽은 아이의 동생은 결혼을 했다. 한 번도 마주하지 못한 여동생이기에, 떠나간 아이의 삶은 무척이나 짧았다. 고향을 떠난 이후로 많은 일들이 있었으나, 아버지는 아이의 무덤 앞에서 지나온 일에 대해서는 아무 말도 하지 않는다. 다만 그는 차가운 비석에 입을 맞추며 아이를 부러워한다고 말한다. 그간의 험난했던 방랑의 삶을 되돌아보니, 이른 나이에 편히 잠든 아이가 세상의 모진 풍파를 겪지 않아도 되기에 다행이라는 마음이 드는 것이다.

다쿠보쿠는 3명의 자식이 있었는데, 그중 첫째 아이는 한 달도 채 되지 않아 세상을 떠났다. 그는 가족이 뿔뿔이 흩어질 정도로 궁핍한 생활에 시달렸으며, 오랜 시간 방랑의 삶을 살았다. 이러한 그의 삶이 이 작품에 투영되어 있다.

허물어지는 육체 くづれる肉體

하기와라 사쿠타로(萩原朔太郎, 1886-1942)

박쥐가 떼 지어 있는 들판에서
나는 허물어져 가는 육체 기둥을 바라보았다
그것은 초저녁 어스름에 쓸쓸히 떨고
그림자에 흔들리는 석산화처럼 비리고
꿈실꿈실 구더기가 기는 썩은 고기처럼 흉측했다.
아아 이 그림자를 끌어당기는 경치 속에서
나의 영혼은 근질거리는 공포를 붙잡는다
그것은 항구에서 온 배처럼 먼 망령 있는 섬들을 건너왔다
그것은 바람도 아니다 비도 아니다
그 모든 것은 애욕의 번민에 얽힌 어두운 두려움이다
그리하여 뱀을 부리는 이가 부는 둔탁한 음색에
나의 허물어져 가는 그림자가 쓸쓸히 울었다.

해설

이 시는 허물어져 가는 육체의 그로테스크한 이미지를 그리고 있다. 박쥐는 어둡고 습한 곳에 서식하기에 그들이 떼 지어 있는 들판은 음습하고 불길한 장소다. 그곳에서 나는 내 육체의 허물어짐을 마주한다. 내가 나의 육체를 바라보는 대상으로 존재한다는 것은 나의 시선이 내 육체를 벗어난 곳에 있음을 의미한다. 생명이 다한 육체는 더 이상 탄력적이거나 아름답지 않다. 허물어지는 육체는 초저녁 어스름에 쓸쓸히 떨고, 그림자에 흔들리는 석산화처럼 비리며, 꿈실꿈실 구더기가 기는 썩은 고기처럼 흉측하다. 석산화는 사인화(死人花), 장례화(葬禮花), 유령화(幽靈花), 지옥화(地獄花), 피안화(彼岸花) 등으로 불리는데, 이 모든 이름은 죽음과 관련 있는 것으로 죽음을 연상시키는 꽃이다. 죽음은 순간이지만 육신의 소멸은 시간의 흐름을 따라가며, 그 과정은 쓸쓸하고 비릿하며 흉측한 장면들로 채워진다. 육체의 부패는 영혼마저 끌어당기지만 영혼은 그 부패에 뒤섞이지 않고 공포를 부여잡는다. 영혼이 부여잡은 공포는 바람도 비도 아닌 어두운 두려움으로, 그 두려움은 망령 있는 먼 섬들을 지나 당도한 애욕의 번민에 얽힌 것이다. 영혼이 떠도는 섬들을 지나며, 더 이상 탐할 수 없기에 해소할 수 없는 육체의 탐닉은 처참하게 허물어지는 육체 앞에서 어두운 두려움으로 자리한다. 허물어지는 육체를 벗어날 수 없는 허물어지는 그림자는 쓸쓸히 울음을 운다.

소리 없는 통곡 無声慟哭

미야자와 겐지(宮沢賢治, 1896-1933)

이렇게 모두가 지켜보는 가운데
너는 아직 여기서 고통스러워야만 하는가
아아 거대한 믿음의 힘에서 짐짓 멀어져
또한 순수나 작은 덕성(德性)들을 잃고
내가 검푸른 수라(修羅)를 걷고 있을 때
너는 자신에게 주어진 길을
홀로 외로이 가려 하는가
믿음을 함께한 단 한 명의 동반자인 내가
밝고 차가운 정진의 길에서 슬피 지쳐있어
독초와 발광 이끼 자라난 어두운 들판을 떠돌 때
너는 홀로 어디론가 가려 하는구나
　　(나 무서운 얼굴이 되어있지)
무언가 체념한 듯 비통한 표정을 지으면서
또한 나의 아무리 작은 표정도
결코 놓치지 않으려고 하면서
너는 당차게 어머니에게 물었다
　　(아니 상당히 멋있어
　　오늘은 정말로 멋있어)

정말로 그래
머리카락도 한층 검고
꼭 아이의 사과 같은 뺨이야
부디 고운 뺨으로
새로이 하늘에서 태어나 줘
(그런데 고약한 냄새 나지
아니 전혀)
정말 그렇지 않아
오히려 여기는 여름 들판의
작은 흰 꽃 향기로 가득해서
다만 나는 그걸 지금 말하지 않는 거야
(나는 수라를 걷고 있으므로)
내가 슬픈 눈을 하고 있는 것은
내가 두 마음을 응시하기 때문이다
아아 그렇게
슬프게 눈을 피해서는 안 돼

해설

이 시는 겐지의 누이가 세상을 떠난 후 쓴 것으로, 사랑하는 사람과의 영원한 이별을 앞에 두고 수라도(修羅道)를 걷는 것처럼 힘든 시간을 보내고 있는 이의 심정을 그리고 있다.

이 세상에서 나와 믿음을 함께한 단 한 명의 동반자가 있다. 하지만 그 사람은 삶의 갈림길에서 나와 다른 길로 가야만 하는 상황에 놓여있다. 나의 동반자는 모두가 지켜보는 가운데 고통스러운 시간을 보내고, 홀로 자신에게 주어진 길을 가려고 한다. 그 길은 죽음으로 향하는 외로운 길이다. 그리고 그 사람이 죽음의 순간에 있을 때, 나는 거대한 믿음의 힘에서 멀어져 순수와 덕성을 잃고 검푸른 수라를 걷고 있다. 수라의 길에서 나는 슬피 지쳐있고, 독초와 발광 이끼 자라난 어두운 들판을 떠돌고 있다.

너는 돌이킬 수 없는 죽음 앞에 무언가 체념한 듯 비통한 표정을 지으며, 그러면서도 나의 작은 표정 하나 놓치지 않으려고 애쓰면서, 어머니에게 자신의 얼굴이 고통으로 인해 무서운 얼굴이 되어있는지 묻는다. 어머니는 멋있다는 말로 그 걱정을 잠재운다. 검은 머리카락과 아이의 사과 같은 뺨을 지닌 너는 나의 눈에도 여전히 멋있다. 그리고 나는 눈앞의 이 모습 그대로 네가 다시 태어나 주길 바란다. 너는 죽음을 앞둔 육체로 인해 고약한 냄새가 날 것을 우려하지만, 나는 여름 들판에 핀 작은 흰 꽃의 향기로 가득한 수라의 길을 걷고 있기에 현실의 냄새는 전혀 개의치 않는다. 내가 슬픈 눈을 하고 있는 이유는 세상을 떠날 사람의 마음과 남겨질 사람의 마음이 고스란히 보이기 때문이다. 네가 나의 눈을 피하는 순간은 네가 이 세상을 떠나는 순간이자, 너와 마지막 눈맞춤이 이루어지는 순간이기에 나는 네가 슬프게 눈을 피하지 않기를 간절히 기원한다.

봄 春

야기 주키치(八木重吉, 1898-1927)

아침 눈을 뜨고

내 몸이 약한 것

아내 아이들의 앞날을 생각하니

주르륵 눈물이 나 멈출 수 없었다

해설

이 시는 사랑하는 가족을 두고 먼저 세상을 떠나야 하는 이의 슬픔이 담겨있다. '봄'이라는 제목은 슬픔과 대비되어 슬픔을 더욱 부각시킨다. 아침에 눈을 뜨는 행위는 새로운 시작을 의미하지만, 죽음을 앞둔 이에게 아침은 자신의 소멸해 가는 생명을 자각하는 순간이 된다. 잠에서 깨 정신이 드는 순간 병약한 자신의 몸을 느끼게 되고, 그러한 육체적 감각은 나약한 마음으로 이어진다. 한 가정의 아버지로서 아내와 아이들이 자신이 떠난 후 고독하고 힘들게 삶을 이어갈 것을 생각하면 마음이 무너진다. 내가 가장 사랑하는 사람들이 나로 인해 남은 평생을 고통 속에서 살아야 한다고 생각하면 온몸을 가득 메우는 슬픔에 눈물이 멈추지 않는다.

집안의 반대에도 불구하고 주키치는 연애결혼을 했으며, 2명의 아이를 낳았다. 하지만 결핵으로 인해 29세 이른 나이에 짧은 생을 마감하게 된다. 죽음을 앞둔 주키치의 슬픈 심정이 이 시를 통해 생생하게 전달된다.

눈 雪

가네코 미스즈(金子みすゞ, 1903-1930)

아무도 모르는 벌판 끝에서
푸른 작은 새가 죽었습니다
　　춥고 추운 해 질 녘에

그 시체를 묻으려고
하늘은 눈을 뿌렸습니다
　　깊고 깊이 소리도 없이

사람은 모르지만 마을의
집도 함께 일어섭니다
　　희고 흰 장옷을 입고

작고 예쁜 영혼이
신의 나라로 가는 길을
　　넓고 넓게 열려고

해설

이 시는 작은 새의 죽음을 따뜻하고 아름다운 시선으로 그리고 있다. 추운 날 해가 질 무렵 사람의 손이 닿지 않는 벌판 끝에서 푸른 작은 새가 죽음을 맞이한다. 새의 시체를 묻기 위해 하늘은 눈을 뿌리고 그 눈은 온 마을에 내려 집을 덮는다. 집 위로 눈이 높이 쌓여 마치 집이 머리부터 발끝까지 흰 장옷을 입고 일어서는 것 같다. 하늘을 향해 올라가는 눈의 더미는 새의 영혼이 신의 나라로 갈 수 있도록 마련된 길처럼 보인다. 이 세계와 저 세계 사이를 가득 메우며 두 세계를 연결시켜 주고 있기 때문이다. 사람은 모르지만, 자연은 그들 나름대로 죽음을 감싸고 품는다. 어느 곳에 있든 어떤 미물이든 자연은 그것을 알아채고, 그 존재를 고요하게 감싸 안는다.

더럽혀진 슬픔에…… 汚れっちまった悲しみに……

나카하라 주야(中原中也, 1907-1937)

더럽혀진 슬픔에
오늘도 가랑눈 내린다
더럽혀진 슬픔에
오늘도 바람마저 스쳐 분다

더럽혀진 슬픔은
이를테면 여우가죽옷
더럽혀진 슬픔은
가랑눈 닿아 움츠러든다

더럽혀진 슬픔은
어떤 바람 없이 기원 없이
더럽혀진 슬픔은
권태 속에서 죽음을 꿈꾼다

더럽혀진 슬픔에
애처롭게 겁을 먹고
더럽혀진 슬픔에

하릴없이 해는 진다……

해설

이 시는 더럽혀진 슬픔에 고통스러워하는 화자의 목소리로 채워져 있다. 화자는 자신을 둘러싼 모든 일들이 더럽혀진 슬픔으로 인해 발생한다고 말한다. 더럽혀진 슬픔으로 인해 오늘 가랑눈이 내리고, 바람이 스쳐 분다. 더럽혀진 슬픔으로 인해 아무것도 바라지 않고 그 무엇도 희망하지 않으며 권태 속에서 죽음을 꿈꾼다. 더럽혀진 슬픔으로 인해 애처롭게 겁을 먹고 하릴없이 해는 진다. 나를 둘러싼 모든 일들과 내 목숨마저 버리고 싶은 충동이 생기는 요인은 모두 더럽혀진 슬픔 때문이다.

슬픔은 외부의 요인이 작용한다 할지라도 자아의 내면에서 발생하는 고유의 감정이다. 그런데 그 슬픔이 나의 의지와 무관하게 더럽혀져 있다. 따라서 나의 슬픔은 누군가에 의해 그 고결성이 훼손된 상태다. 내 안의 깊은 감정까지 영향을 미치는 존재는 나에게 상당히 의미 있는 대상임이 분명한데, 그 대상이 내 슬픔을 더럽혀 버린다. 그러므로 나는 삶의 의미를 잃고 무기력해질 뿐이다.

주야와 사랑을 나눈 여인이 있었다. 그런데 그 연인이 주야의 친한 벗과 사랑에 빠져 그를 떠났다. 이러한 주야의 연애 경험이 이 시의 창작 동기로 알려져 있다.

봄날 미친 생각 春日狂想

나카하라 주야(中原中也, 1907-1937)

1

사랑하는 이가 죽었을 때에는,
자살하지 않으면 안 됩니다.

사랑하는 이가 죽었을 때에는,
그 외에 다른, 방법이 없지.

하지만 그래도, 업(?)이 깊어서,
계속해서 살게 된다면,

봉사하는 마음이, 되는 겁니다.
봉사하는 마음이, 되는 겁니다.

사랑하는 이는, 죽었으므로,
틀림없이 그이는, 죽었으므로,

이제는 어쩔 수가, 없으므로,

그이를 위해, 그이를 위해,

봉사하는 마음이, 되어야만 하지.
봉사하는 마음이, 되어야만 하지.

2

봉사하는 마음이 되긴 했으나,
그런데 특별한, 일도 할 수 없어.

그래서 이전보다, 책이면 숙독.
그래서 이전보다, 사람이면 공손.

속도를 맞춰 산책을 하고
밀짚모자를 경건하게 엮어—

마치 이것은, 장난감 병정,
마치 이것은, 매일, 일요일.

신사(神社)의 양지바른 곳을, 천천히 걷고,
지인을 만나면, 생긋 웃고,

엿장수 할아버지와, 친해지고,
비둘기에게 콩 같은 것, 훌훌 뿌리고,

눈이 부시면, 그늘로 들어가,
거기에서 지면이며 초목을 다시 본다.

이끼는 정말, 서늘하고,
이루 말할 수 없이, 오늘 화창한 날.

참배객들도 줄지어 걷고,
나는, 전혀 화가 나지 않아.

(참으로 인생, 한순간의 꿈,
고무풍선의, 아름다움인가.)

하늘에 올라, 빛나고, 사라져—
야, 오늘은, 기분이 어때.

오랜만이네, 그 후 어떠신가요.
거기 어딘가에서, 차라도 마십시다.

씩씩하게 찻집에 들어는 가도,
그런데 말은, 딱히 없는.

담배 따위를, 뻑뻑 피우면서,
이루 말할 수 없는 각오를 하고,—

밖은 매우 활기참!
—그럼 또 조만간, 부인에게 안부를,

다른 나라에 가면, 소식을 주세요.
지나치게 술을, 마시지 않는 것이 좋아요.

마차도 지나가고, 전차도 지나간다.
참으로 인생, 신부(新婦)님.

눈부시게, 아름답게, 게다가 고개를 숙이고,
말을 시켰더니, 그런데 귀찮니?

그래도 마음을 멍하게 하는
참으로, 인생, 신부님.

3

그럼 여러분,
기쁨이 지나치지 않고 슬픔이 지나치지 않고,
속도 맞춰, 악수를 합시다.

결국, 우리에게 부족한 것은,
올곧음 같은 거라는 걸, 납득하고서.

안녕, 그럼 여러분, 안녕, 모두 함께—

속도 맞춰, 악수를 합시다.

해설

이 시는 사랑하는 사람이 세상을 떠난 이후 남겨진 사람의 삶의 자세에 대해 말하고 있다. 사랑하는 사람의 죽음은 삶의 목적과 이유를 상실하게 되는 결정적인 계기로 작용한다. 따라서 사랑하는 이가 죽었을 때에는 자살하는 것밖에 할 수 있는 일이 없다는 진술은 과격하면서도 설득력을 얻는다. 삶의 의미를 상실한 사람은 죽음 이외에 다른 선택이 없으나, 업이 깊어 죽을 수조차 없는 사람은 남은 생을 여분으로 생각하고 봉사하는 마음으로 살아가야 한다 말한다. 자신의 삶은 사랑하는 사람의 죽음과 함께 끝이 났기에, 이후의 삶은 사랑하는 사람을 위한 마음을 다른 모든 사람에게 나누고 살아야 한다는 것이다.

하지만 봉사하는 마음을 가진다고 해서 특별히 할 수 있는 일이 있는 것도 아니다. 할 수 있는 일이라고는 그저 책을 차분히 읽거나, 사람을 공손히 대하거나, 비둘기에게 먹이를 주는 등 일상의 소소한 일에 진심을 다해 임하는 것뿐이다. 그리고 눈이 부시면 그늘로 가 지면과 초목을 다시 살펴보는 등 삶의 터전이 되어주는 자연에 순응하고 익숙한 것에 애정 어린 시선을 보내는 일이다. 이끼는 제 삶의 터전인 그늘에서 나름의 삶을 지속하고, 사람은 살아있는 이와 먼저 세상을 떠난 이를 위해 기도를 올린다. 모든 것이 각자의 자리에서 나름의 방식으로 삶을 영위하지만, 그 역시 팽팽하게 부풀었다가 바람이 빠져버리는 고무풍선처럼 한 순간의 꿈인 듯 하늘로 올라가 빛나고 소멸할 것이다. 만약 그 빛이 되어버린 사람을 만난다면 함께 차라도 마시고 싶을 만큼 반가우면서도 생사의 경계와 헤어진 시간의 공백 때문에 어색함이 감돌 것이다. 그러나 그럼에도 안부를 챙기고 다음 만남을 기약한다.

마차도 지나가고 전차도 지나간다. 말이든 전기든 그것을 이끄는 대상과 무관하게 모든 것은 지나간다. 그렇게 지나가는 시간을 봉사하는 마음과 떠난 이와의 만남의 순간으로 채우며 살아간다면 우리의 인생은 새 삶을 시작하는 신부처럼 눈부시게 빛나고 아름다울 것이다. 기쁨도 슬픔도 과하지 않고, 올곧은 삶의 태도를 견지하며, 다른 이들과 속도를 맞춰 함께 악수하는 더불어 사는 삶이야말로 사랑하는 사람이 떠난 후 남은 사람이 사랑하는 사람을 위해 지켜야 할 삶의 태도인 것이다.

눈이 내린다 雪が降ってゐる

사가와 지카(左川ちか, 1911-1936)

우리들 위층의 무도회!

장난꾸러기 천사들이 뒤엉켜 스텝을 밟는 곳에서 죽음처럼 흰 눈송이가 떨어진다.

죽음은 호랑가시나무 잎 사이에 있다. 지붕 밑을 조용히 기어다닌다. 내 손가락을 갉작인다. 걱정스러운 듯. 그리고 밤 12시—유리가게 앞에서는 새하얀 등을 향해 쓰러진다.

낡은 사랑과 시간은 묻히고, 지상은 욕망한다.

해설

이 시는 죽음을 암울하고 슬픈 대상으로 대하지 않고, 경쾌한 시선으로 바라본다. 우리가 사는 세상 위층에서 무도회가 열리고, 장난꾸러기 천사들이 흥겹게 춤을 춘다. 그 어떤 계획도 암시도 없이, 그들의 스텝이 뒤엉키는 곳에서 죽음처럼 흰 눈송이가 떨어진다. 장난꾸러기 천사들의 사소한 실수가 빚어지는 곳이기에, 죽음은 돌발적으로 생기고 여기저기서 떨어진다. 눈이 그러하듯, 죽음은 호랑가시나무 잎 사이에 있고, 지붕 밑을 조용히 기어다닌다. 죽음은 뾰족하게 가시 돋친 잎 사이에 자리하고, 우리가 머무는 집 언저리를 어슬렁거린다. 눈을 만지면 느껴지는 손가락의 서늘한 감촉, 그것은 죽음의 감촉과도 닮았다. 밤 12시, 유리가게 앞에 쌓인 눈이 쓰러진다. 하루가 바뀌는 시각, 어제와 오늘, 오늘과 내일의 경계에서 죽음은 흰 뒷모습을 보이며 쓰러진다. 켜켜이 쌓인 눈은 켜켜이 쌓인 죽음처럼 지상의 모든 것을 차갑게 뒤덮어 버린다. 사랑도, 시간도, 지나간 모든 것은 묻히고 만다. 하지만 소복하게 쌓인 눈을 뚫고 초록빛 싹이 돋듯, 지상의 모든 것은 그 차가움을 받아들여 새로운 생명의 원천으로 흡수한다. 죽음이 있기에 새로운 삶 또한 가능한 것이다.

4 영미시

한 해 중 그런 때를 그대 내게서 보리라

That time of year thou mayst in me behold

윌리엄 셰익스피어(William Shakespeare, 1564-1616)

찬 바람에 흔들리는 저 가지에 노랗게 물든 잎들
다 지거나 몇 개만 달려있는 때,
한 해 중 그런 때를 그대 내게서 보리라,
최근 귀여운 새들이 노래했던 황폐하고 텅 빈 성가대석.
서쪽에서 저녁놀이 진
그런 날의 황혼을 그대 내게서 보리라,
만물을 안식 안에 봉하는 죽음의 두 번째 자아인
검은 밤이 머지않아 빼앗아 가는 황혼.
타고 남은 재 위에서 타고 있는
그런 불의 타오름을 그대 내게서 보리라.
임종의 자리인 양 그 불이
먹어치운 것에 먹혀서 소멸하는 불.
그대 이걸 알기에 그대 사랑 더욱 굳세지리니
그대와 얼마 후 헤어질 사람 전심으로 사랑하리라.

해설

소네트(sonnet)라 불리는 셰익스피어의 이 시는 3개의 4행 연(quatrain)과 1개의 2행 연구(couplet), 도합 14행으로 구성된다. 4행 연의 전개를 보면 시간대가 점차 죽음으로 이동하고 있음을 알 수 있다. 첫 4행 연에선 나뭇가지(성가대석에 비유됨)에 노란 잎 몇 개가 달려있는 가을, 다음 4행 연에선 해 저물 녘, 마지막 4행 연에선 연소(燃燒)의 결과로 생긴 재 위에서 스스로 꺼져가고 있는(즉 자신이 "먹어치운 것에 먹혀서 소멸" 중인) 불을 묘사한다. 죽음과 잠은 공통된 속성이 있어 자주 비교가 되는데, 밤에 자는 잠이 "만물을 안식 안에 봉"한다는 말은 죽음에도 적용된다. 시인에게 죽음은 두려움의 대상이지만 영원한 안식을 준다는 점에서 갈망의 대상이기도 한 것이다. 마지막 4행 연에서 시인은 젊은 시절 불태웠던 열정과 에너지가 거의 소진되어 죽음을 눈앞에 두고 있지만 여전히 타오르고 있는 불로 묘사된다. 이 동적인 이미지는 앞서 나온 잎이 몇 개 달린 나뭇가지나 황량한 성가대석, 곧 어둠에 삼켜질 황혼의 이미지보다 더 긍정적이다. 죽음의 순간까지 삶에 대한 의욕을 꺾지 않겠다는 시인의 의지가 읽힌다. 마지막 2행 연구에서 시인은 연인에게 말한다. 자신이 이렇게 시간이 갈수록 노쇠해지고 결국엔 죽음을 맞는 필멸의 존재임을 알기에 연인의 사랑은 더욱 강렬해지고, 이별의 시간이 다가오기에 연인은 전심으로 자신을 사랑하리라고. 죽음을 이해해야 삶의 열정을 뜨겁게 불태우고 깊이 사랑할 수 있을 것이다.

내 첫 아들에게 On My First Son

벤 존슨(Ben Johnson, 1572-1637)

잘 가라, 너는 내 권능과 기쁨의 아이.
사랑하는 아들아, 내 죄는 네게 너무 큰 소망을 둔 것이지.
나는 널 7년간 대여했던 건데, 바로 그날 네 운명이
요구한 대로, 나는 널 상환한 거지.

오, 아버지의 마음이 내게서 사라졌으면! 왜 사람은
부러워해야 할 그 상태를 슬퍼하는 걸까?
속세와 육신의 파괴에서, 다른 불행이 없더라도 나이 듦에서
그토록 일찍 벗어난 것이거늘.

평온히 쉬거라, 그리고 누가 묻거든 이렇게 답해라.
"여기에 벤 존슨의 최고의 작품이 묻혀있다."
그 자신을 위해 이제부터 그의 모든 서약은 이러할지니
사랑해도 너무 깊이 하지는 않으리라.

해설

아들의 죽음을 애도하는 시이다. 1행에서 "권능"으로 옮긴 영어 원문은 "오른손(right hand)"이다. 오른손은 보통 권능과 권위의 의미를 함축하는데, 시인의 아들 이름 '벤저민(Benjamin)'이 히브리어로 오른손을 뜻하기도 한다. 1연에서 시인은 자신이 아들에게 너무 큰 소망을 둔 게 죄라는 말을 한다. 자신이 아들을 너무 사랑한 게 신의 질투를 불러일으켜 신이 아들을 데려갔다고 믿기 때문이다. 누군가를 지나치게 사랑하면 신이 질투심에 그 사람을 빼앗아 갈 수 있다는 생각은 기독교뿐 아니라 고대 그리스에도 있었다. 소년 벤저민은 7살이 되는 생일 "바로 그날" 죽음을 맞았는데, 시인은 신이 자신에게 아들을 7년간 대여해 주었다가 기간이 종료되자 다시 찾아간 것으로 이해한다. 2연에서 시인은 어린 아들의 죽음이 사실은 부러워해야 할 상태 아니냐고 말한다. 속세에 부대끼면서 입을 마음의 상처와 육신의 질병, 또 이게 아니더라도 노화에서 일찍 벗어난 것이기 때문이다. 그러나 이런 말은 시인의 슬픔이 그만큼 크다는 것을 반증한다. 3연에 가서 시인은 아들의 묘비명을 제시한다. 여기서 "작품"으로 번역한 영어 단어는 사실 "시(poetry)"인데, 이 단어의 어원인 그리스어 "포이에시스(poiesis)"는 본래 창작물, 창조물을 의미한다. 시인은 "시"를 그 어원의 의미로 쓰고 있다. 그는 아들이 자신이 쓴 어느 시나 드라마보다 뛰어난 작품이었다고 선언한다. 그런 후 아들의 죽음이 가져다준 극심한 고통을 다시는 겪지 않기 위해 그 누구도 너무 깊이 사랑하진 않겠다고 다짐한다. 아들의 죽음에서 느끼는 슬픔을 절제된 시 형식 속에 절절하게 표현한 시이다.

죽음이여, 거만 떨지 말라 Death, Be not Proud

존 던(John Donne, 1572-1631)

죽음이여, 거만 떨지 말라. 비록 어떤 이들이 그대를
강하고 무섭다고 불러도, 그대는 그렇지 않도다.
그대가 쓰러뜨렸다고 생각하는 사람들은
죽은 게 아니니, 불쌍한 죽음이여, 그댄 날 죽일 수도 없어라.
그대의 모상(模像)에 불과한 휴식과 잠도 큰 기쁨을 주는데,
그대는 훨씬 더 큰 기쁨을 줄 게 틀림없지.
우리 중 훌륭한 이들이 그대와 같이 일찍 떠나나니,
그들의 뼈는 쉼을 누리고, 영혼은 해방되도다.
그대는 운명, 우연, 제왕, 절박한 이들의 노예요,
독과 전쟁, 질병과 함께 거주하도다.
아편이나 주문(呪文)이 그대의 타격만큼이나, 아니 그보다 잘
우리를 잠재운다. 그런데 그대는 왜 으스대는가?
한 번 짧은 잠이 지나면, 우리는 영원히 깨어나나니,
죽음은 더 이상 없으리라. 죽음아, 그대가 죽으리라.

해설

시인은 죽음을 의인화해 호명한다. 그는 죽음이 흔히들 생각하는 것처럼 강하고 무서운 존재가 아니란 걸 밝히려 한다. 시인에 따르면 죽음이 쓰러뜨린 사람들은 사실 죽은 게 아니다. 영생이 있기 때문이다. 죽음은 자신의 힘에 대해 착각하고 있다. 그런데 시인은 죽음의 모상인 휴식과 잠에서 기쁨을 얻으니 죽음 자체에선 더 큰 기쁨을 얻을 거라 말한다. 그러나 휴식과 잠은 죽음과 일부 특징만을 공유하기 때문에 죽음이 휴식과 잠보다 큰 기쁨을 주리라고 결론 내는 것은 논리적 오류이다. 시인은 또한 자신의 신념 또는 신앙을 지키고자 스스로 죽음의 길을 간 젊은이들을 생각한다. 교수대에서 의연히 죽음을 받아들인 이들의 영혼은 육체의 굴레에서 해방되어 천국에서 쉼을 누리게 되었다. 시인은 죽음이 운명과 우연, 제왕, 또 절박함 속에서 자결하는 이들의 노예라고 말하는데, 반대로 죽음이 이들을 자신의 대행자 혹은 수단으로 삼을 수 있다는 점에서 역시 설득력이 떨어진다. 시인은 아편과 주문이 죽음보다 우릴 더 잘 재운다고 말하지만, 죽음의 잠은 아편으로 인한 잠과 달리 다신 깨어나지 못하기 때문에 죽음을 아편과 비교하는 건 어불설성이다. 시인은 죽음 이후 우리는 영생을 누릴 것이기 때문에 그땐 죽음이 죽게 될 것이라는 패러독스(역설)로 시를 끝맺는다. 죽음은 끝이 아니라 시작인 것이다. 화자의 말대로 죽음이 정말 두려운 게 아니라면 애초에 이런 시를 쓰지도 않았을 것이다. 앞서 지적한 논리적 결함들은 죽음의 공포를 어떻게든 극복하려는 인간적 몸부림에서 나온 걸로 봐야 한다. "죽음아, 그대가 죽으리라"라는 시인의 선언에서 영생에 대한 종교적 믿음으로 죽음을 초월하고자 하는 결의를 읽을 수 있다.

고인이 된 내 아내의 영혼을 본 것 같도다

Methought I Saw My Late Espoused Saint

존 밀턴(John Milton, 1608-1674)

고인이 된 내 아내의 영혼이 무덤으로부터
내게로 온 걸 본 것 같도다. 조브의 위대한 아들이
비록 창백하고 힘없긴 해도 힘으로 죽음에서 구출해
기뻐하는 남편에게 돌려준 알케스티스처럼.
내 아내는 구약의 재계(齋戒) 덕분에,
산후의 부정(不淨)을 깨끗이 씻어낸 모습이었으니,
나는 천국에서 그 모습 그대로 자유롭게 온전히
다시 볼 수 있게 되리라 믿노라.
순결한 그녀의 마음처럼 온통 흰옷을 차려입고 왔도다.
얼굴은 베일로 가렸는데, 내 상상의 눈엔
그녀 인품의 사랑과 친절, 미덕이
그보다 더 기쁠 수 없는 얼굴에서 환히 빛났도다.
그러나 아! 날 안으려는 듯 아내가 몸을 굽히자
나는 깨고 그녀는 사라졌으니, 낮이 내게 밤을 돌려주었구나.

해설

죽은 아내를 꿈속에서 보고 쓴 시이다. 밀턴은 일생 동안 3번 결혼을 했는데, 이론의 여지가 있긴 하나 이 시의 죽은 아내는 보통 두 번째로 결혼한 캐서린 우드콕을 가리키는 것으로 본다. 캐서린은 밀턴과 결혼한 지 2년 만에 아이를 낳고 몇 달 후 죽었다. 구약성경에 따르면 여자가 출산을 하면 몸이 부정해지기 때문에 정해진 의식을 거쳐야 종교적으로 정결한 몸이 될 수 있었다. 5-6행은 이런 맥락에서 이해할 수 있다. 캐서린이 출산을 하고 죽었는데 밀턴이 꿈에서 보니 정결의 의식을 치러 몸의 부정을 깨끗이 씻어냈다는 의미이다. 알케스티스는 남편을 대신해 죽은 그리스신화 속 여인으로, 죽은 그녀가 하계에 들어섰을 때 마침 그곳에 와있던 헤라클레스(조브[주피터], 즉 제우스의 아들)가 그녀의 사연을 듣고 감동해 그녀를 데리고 지상으로 돌아왔다고 한다. 죽음을 경험한 탓에 창백하고 힘없는 상태이긴 해도 알케스티스는 이렇게 남편과 기쁘게 재회할 수 있었다. 밀턴은 눈이 멀게 된 후 캐서린과 결혼했기 때문에 아내의 얼굴을 알지 못했다. 그래서 죽은 아내가 영혼을 베일로 가렸다고 말하는 것이다. 아내가 밀턴을 안으려는 듯 몸을 굽히는 순간 밀턴은 잠에서 깨어난다. 잠에서 깬 맹인은 어둠만을 볼 뿐이다. 아내와 만난 꿈속은 환한 대낮이었으나 꿈에서 깨자 다시 밤이 그를 찾아온다. 가수 박정현의 2002년 노래 〈꿈에〉가 생각나는 시이기도 하다. 그 노래에서도 죽은 연인을 꿈속에서 만난다.

우린 일곱이에요 We Are Seven

윌리엄 워즈워스(William Wordsworth, 1770-1850)

—부드럽게 숨을 들이쉬고
모든 팔다리 생기에 찬
꾸밈없는 아이,
이 애가 죽음에 대해 무얼 알까?

나는 어린 오두막집 소녀를 만났다.
자긴 여덟 살이라고 말했다.
소녀의 머리칼은 머리 주변의
풍성한 곱슬에 숱이 많았다.

삼림 지대의 촌티 나는 소녀,
옷도 아무렇게나 입었다.
아이의 눈은 맑았다, 아주 맑았다.
—예쁜 아이의 모습에 기분이 좋았다.

"꼬마 아가씨, 형제자매가
몇 명이지?"
"몇 명이요? 모두 일곱이죠." 아이는

의아하다는 듯 날 쳐다보며 말했다.

"걔네들은 어디 있니? 부디 말해보렴."
아이는 답했다. "우린 일곱인데
둘은 콘웨이에 살고,
둘은 바다로 갔어요.

"둘은 교회 묘지에 누워있고요,
언니와 오빠가요.
교회 묘지 오두막에서 전 엄마와
언니 오빠 곁에 살고 있어요."

"얘야, 둘은 콘웨이에 살고
그리고 둘은 바다로 갔는데,
너네가 일곱이라니! 귀여운 아가씨,
어찌 그렇게 되는지 말해보렴."

그러자 꼬마 아가씨는 답했다.

"우린 칠남매예요.
둘은 교회 묘지에 누워있어요,
교회 묘지 나무 밑에요."

"꼬마 아가씨, 넌 뛰어다니잖니,
팔다리도 쌩쌩하고.
둘이 교회 묘지에 누워있다면,
그러면 너희는 다섯이지."

"언니 오빠의 초록색 무덤이 보여요,"
꼬마 아가씨가 답했다.
"엄마 집 문에서 열두 걸음 정도 돼요.
나란히 누워있죠.

"전 거기서 양말을 짜거나,
머리 스카프를 감침질해요.
또 거기 땅바닥에 앉아
언니 오빠에게 노랠 불러줘요.

또 해 진 후엔, 아저씨,
날이 밝고 맑으면,
자주 제 작은 나무그릇을 가져가
거기서 저녁을 먹곤 해요.

"먼저 죽은 건 제인 언니였어요.
침대에서 신음하며 누워있었죠.
하느님께서 언니를 고통에서 풀어주실 때까지요.
그리고 언니는 떠났어요.

"그렇게 언니는 교회 묘지에 누워있게 됐어요.
그리고 풀이 마르자,
언니 무덤가에서 우린 함께 놀았어요,
존 오빠와 제가요.

"그리고 땅이 눈에 덮여 하얗게 돼
뛰어다니며 미끄럼을 탈 수 있게 되자,
오빠인 존은 떠나야만 했어요.

그래서 오빤 언니 곁에 누워있죠."

"그럼 너네가 모두 몇 명이지?" 내가 말했다.
"둘이 천국에 있다면?
꼬마 아가씨는 재빨리 대답했다.
"오, 아저씨! 우린 일곱이에요."

"하지만 언니 오빤 죽었잖니. 걔네는 죽었잖아!
걔네들 영혼은 천국에 있잖아!"
이렇게 말해도 소용없었다.
꼬아 아가씬 뜻을 꺾지 않고
말했으니, "아녜요, 우린 일곱이에요!"

해설

이 시에선 죽음에 대한 두 개의 관점이 대립하고 있다. 시인은 사람은 죽으면 그 존재가 지상에서 소멸하는 것이라 생각한다. 따라서 죽은 가족은 가족으로 셀 수 없다. 소녀는 사람이 죽어도 그 존재는 생명력 있는 무엇으로 남는 것이어서, 산 사람은 그 존재와 여전히 관계를 가질 수 있다고 생각한다. 소녀는 언니 오빠가 묻힌 무덤 곁에서 살며 그곳에서 뜨개질을 하거나 밥을 먹는다. 언니 오빠는 죽었지만 그들은 여전히 그녀의 일상에서 큰 부분을 차지하고 있다. 그들은 소녀의 삶 속에서 여전히 살아있다. 시인은 8살짜리 애가 죽음에 대해 뭘 알까, 생각하지만 소녀는 죽음이 무엇인지 상당히 정확히 이해하고 있다. 제인과 존의 죽음에 대해 서로 다른 묘사를 하고 있는 사실에서 소녀가 언니 오빠가 죽은 원인이 다르다는 걸 이해하고 있음이 드러난다. 게다가 제인에 대해선 "하느님께서 언니를 고통에서 풀어주셨다"는, 어른이 쓸 법한 완곡어법을 쓰고 있다. 시가 끝날 때쯤 시인은 소녀의 가족이 5명뿐임을 윽박지르다시피 강조한다. 마지막 연의 첫 2행이 느낌표로 끝나는 것은 그가 감정적으로 격해졌음을 뜻한다. 그러나 소녀는 어른의 논리에 결코 굴복하지 않는다. 다시 한번 소녀는 자신의 가족이 일곱임을 주장하는데, 아이의 말 역시 느낌표로 끝난다. 이 시가 4행 연들이 이어지다 마지막 연만 5행인 점에 주목해야 한다. 추가된 다섯 번째 행은 바로 소녀의 말이다. 이 시가 소녀의 말로 끝나는 것은 시인이 결국엔 소녀의 관점을 이해했으며, 죽음을 이해하는 방식에 대해 아이로부터 중요한 교훈을 배웠음을 의미한다.

기쁨에 놀라 Surprised by Joy

윌리엄 워즈워스(William Wordsworth, 1770-1850)

기쁨에 놀라—바람처럼 성급히
그 황홀감을 나누려 몸을 돌렸는데—오!
아무 변화도 찾을 수 없는 그 적막한 무덤 속에
오래도록 묻혀있는 너 아니면 누구와 나누겠는가?
사랑이, 신실한 사랑이 널 내 마음으로 불러냈네—
그런데 내가 널 어찌 잊었을까?—어떤 힘으로 인해,
비록 아주 짧은 시간이지만,
내 가장 비통한 상실에 눈이 멀 정도로
내가 현혹되었던가!—떠오른 이 생각은
슬픔이 이제껏 낳은 가장 격심한 아픔이었네.
내 마음속 최고의 보배가 더 이상 없다는 것,
현재도 아직 오지 않은 세월도 그 천사 같은 얼굴을
내 눈앞에 되돌려주지 못하리란 걸 알고서
허망히 서있었을 때의 그 아픔만 빼고는.

해설

딸의 죽음을 애도하는 시이다. 1812년, 워즈워스의 딸 캐서린은 네 살도 채우지 못하고 세상을 떠났다. 1행에서 왜 시인은 기쁨에 놀랐다고 한 것일까? 이 말은 그가 딸이 죽은 후 오랫동안 기쁨을 느껴본 적이 없었음을 뜻한다. 그런데 무엇 때문인지는 알 수 없어도 갑자기 그의 마음속에 기쁨이 몰려왔고, 이에 놀란 시인은 예전처럼 그 기쁨을 딸과 나누기 위해 딸의 죽음을 의식할 새도 없이 급히 몸을 돌려 딸에게 말을 걸려 한다. 예전의 시인은 마음속에 기쁨이 일 때마다 그 감정을 딸에게 알리거나 묘사해 주곤 했었던 것 같다. 그러나 지금 딸은 당연히 옆에 없고, 시인은 죽은 딸의 부재를 다시 한번 뼈저리게 깨닫는다. 그리고 그는 딸을 잃어버린 자신이 잠깐이지만 기쁨을 느꼈다는 사실 자체를 자책한다. 딸의 죽음은 그의 "가장 비통한 상실"이었는데, 무언가에 현혹되어 이 상실을 잠깐 잊은 채 기뻐한 것이다. 아무리 마음 아픈 일도 시간이 지나면 그 기억과 감정이 무뎌지게 마련이다. 시인이 갑자기 무언가에 기쁨을 느끼게 된 것도 딸을 잃고 비통해했던 기억이 일부나마 희미해졌기 때문이다. 그러나 딸의 부재를 다시 인지하는 순간, 과거 딸의 죽음 앞에서 비통해했던 기억은 시인의 마음속에 원래의 선명도를 갖고 되살아난다. 시인은 어제 일어난 일인 양 뚜렷한 이 기억을 잠깐이나마 떨쳐버릴 수 있었다는 사실에 격심한 아픔을 느낀다. 그러나 이 아픔보다 더 큰 아픔이 있었으니, 시인이 딸의 천사 같은 얼굴을 생전엔 다시 볼 수 없다는 것을 깨닫고 고독과 절망에 싸여 서있었을 때의 아픔이 그것이다. 구약성경의 다윗 왕이 죽은 아들에 대해 말한 바대로 "나는 그에게로 가려니와 그는 내게로 돌아오지 아니하리라"는 것을 깨달은 아픔이다. 죽은 딸에 대한 아버지의 사랑과 그리움을 감동적으로 그려낸 시이다.

내가 죽을 수 있단 생각에 두려움이 들 때

When I Have Fears That I May Cease To Be

존 키츠(John Keats, 1795-1821)

내가 죽을 수 있단 생각에 두려움이 들 때
내 펜이 비옥한 내 두뇌에서 이삭을 주워 모으기도 전에,
글자 적힌 높이 쌓인 책들이 풍성한 곡창처럼
아주 무르익은 알곡을 담기도 전에.
내가 별 총총한 밤의 얼굴에서 거대한 구름이 이룬
고상한 로맨스의 상징들을 바라보며,
행운의 신비한 손으로 그들의 그림자를 쫓아갈 만큼
살지는 못할 거라는 생각이 들 때,
그리고 시간의 아름다운 창조물이여, 내가 그대를
더 이상은 바라볼 수 없을 거라고,
분별없는 사랑의 매혹적인 힘을 다시는 누려보지
못할 거라 느낄 때—그때 광대한 세상의
해변에 나 홀로 서서 사랑과 명성이 무(無)로
가라앉을 때까지 생각한다.

해설

만 25살의 나이에 폐결핵으로 숨을 거둔 키츠는 영국 문학사에서 메이저급 시인의 위상을 갖는다. 젊은 나이에 요절했음에도 걸작으로 평가받는 다수의 시들을 남긴 탓이다. 키츠는 부모님이 폐결핵으로 돌아가시고 남동생도 같은 병으로 죽는 것을 보면서 본인 역시 폐결핵으로 죽을 것을 예감했다. 이 시는 죽음에 대한 깊은 의식과 문학적 성취가 키츠의 경우엔 결부되어 있었음을 보여준다. 키츠는 자신의 상상력이 빚어내는 것들을 시로 옮기기 전에, 독서에서 얻은 지식과 통찰을 숙성시켜 시에 담아내기 전에 죽음이 오면 어쩌나 두려움에 빠진다. 키츠는 한 편지에서 자신은 위대한 영국 시인의 반열에 들 거라 확신한다고 썼다. 그러나 다른 한편으론 죽음이 자신의 꿈을 좌절시키진 않을까 두려워하는 것이다. 그는 밤하늘의 별과 구름을 보면서 중세의 기사 로맨스(기사들의 무용담)에 등장하는 것 같은 환상적인 세계를 상상한다. 그리고 자신의 작품 속에 그런 아름다운 환상의 세계를 창조해 보기도 전에 자신의 생명이 다할 수 있음을 예감한다. 또 "시간의 아름다운 창조물"인 여성과 정열적인 사랑을 해보기도 전에 자신이 죽을 수 있음을 생각한다. 그리고 시의 마지막 3행에 가서는 자신이 꿈꾸는 아름다운 여인과의 사랑과 시인으로서의 명성은 누구나 홀로 맞는 죽음 앞에선 무(無)가 되어버림을 강조한다. 죽으면 사랑도 명예도 추구할 수 없는 것이다. 그러나 키츠는 이 자명한 사실 앞에서 허무주의에 빠지기보단 최선을 다해 사랑하고 문학적 성취를 일구는 삶을 산다. 그 결과 그는 자신이 믿었던 대로 오늘날 위대한 영국 시인 중 한 명으로 추앙받고 있다.

눈물이, 부질없는 눈물이 Tears, Idle Tears

앨프리드 테니슨(Alfred Tennyson, 1809-1892)

눈물이, 부질없는 눈물이, 뜻을 알지 못할,
어떤 성스런 절망의 깊은 곳으로부터 눈물이
가슴에 차올라 눈에 고인다,
기쁨에 찬 가을 들판 바라보고
다시없을 날들을 생각할 때.

하계(下界)에서 우리의 친구들 데려오는 돛단배에
반짝이는 첫 햇살처럼 새롭고,
수평선 아래로 우리가 사랑하는 모든 이들 싣고
사라지는 배 붉게 물들이는 마지막 햇살처럼 슬픈.
그렇게 슬프고, 그렇게 새로운, 다시없을 날들.

아, 죽어가는 이의 눈에 창문이
서서히 네모꼴 희미한 빛이 되어갈 때,
어두운 여름 새벽 반쯤 깬 새의 이른 노랫소리가
죽어가는 이의 귀에 슬프고 낯설 듯,
그렇게 슬프고, 그렇게 낯선, 다시없을 날들.

죽은 뒤 기억하는 키스처럼 소중하고,

다른 사람에 속한 입술에 희망 없이 상상으로 해보는

키스처럼 달콤한. 사랑처럼 깊고,

첫사랑처럼 깊은, 온갖 후회로 제정신 아닌,

오, 삶 속의 죽음, 다시없을 날들이여!

해설

이 시는 시인의 눈물로 시작한다. 그가 자신의 눈물을 부질없다 부르는 것은 눈물을 흘린다고 지나간 날들이 돌아오는 것은 아니기 때문이다. 그는 눈물이 그 의미는 모르겠으나 마음 깊은 곳 "성스런 절망"에서 솟아오른다고 말한다. 기독교적 관점에서 절망은 결코 성스러울 수 없기 때문에 "성스런 절망"은 패러독스이다. 왜 이런 패러독스가 나오게 된 것일까? 또 추수가 끝나 황량하고 음울한 가을 들판이 기쁨에 차 보인다는 것 또한 패러독스의 하나라 할 수 있다. 지나갔기에 이젠 "다시없을 날들"을 생각하는 시인의 마음이 어떻게 이런 패러독스를 낳게 된 것일까? 2연에서 시인은 다시없을 날들이 새롭고 슬프다고 말한다. 지금은 세상에 없는 옛 친구들의 기억이 오랜만에 어떤 계기로 의식의 수면 위에 떠오를 때, 그 기억은 무척이나 새로운 느낌을 준다. 그러나 이내 고인이 된 그들과는 다시는 함께할 수 없음을 인식하고 슬픔을 느낀다. 3연에서 다시없을 날들의 추억은 슬프고 낯선 느낌을 준다. 이 연의 죽어가는 이는 아마도 자기 인생의 마지막 날이 될 날의 새벽에 눈을 뜬다. 흐릿한 그의 눈에 새벽은 아직 어둡다. 그런 그의 귀에 새의 노랫소리가 들린다. 어쩌면 그는 새가 지저귀는 소리를 주의 깊게 들어본 적이 한 번도 없었을지 모른다. 죽음을 맞이하면서 듣는 새의 노랫소리는 마치 처음 듣는 것 같은 낯선 느낌을 주면서, 다시는 이 소리를 들을 수 없을 거란 생각에 슬픔을 느끼게 한다. 햇빛을 받아 희뿌연 네모꼴로 변해가는 창문 역시 그 신비로운 느낌 때문에 마치 처음 보는 것 같은 낯설음을 주지만, 이걸 보는 게 이번이 마지막이란 점에서 보는 사람의 마음속에 슬픔을 자아낸다. 마지막 4연에서 다시없을 날들의 기억은 사후에 기억하는 생전의 키스처럼 소중하고, 짝사랑하는 사람의 입술에 키스를 하는 상상처럼 달콤하다. 또 첫사랑만큼 깊은데, 시인의 내면의 가장 깊숙한 곳에 첫사랑의 추억이 있기 때문이다. 과거의 기억은 우리를 미칠 듯한 후회로 몰아가기도 한다. 마지막 행에서 시인은 다시없을 날들을 "삶 속의 죽음"으로 규정한다. 삶과 죽음은 엄연히 구분된 것인데 어떻게 삶 속에 죽음이 있단 말인가? 이것이 이 시가 창조하는 궁극의 패러독스이다. 지나간 날들의 회상은 언제나 우리에게 우리 자신의 죽음을 상기시킨다. 다신 돌아오지 않을 과거의 추억을 더듬으면서 우리는 우리 자신의 죽음과 대면하게 된다. 불멸을 누린다면 다시없을 날들에 눈물을 흘릴 이유가 없을 것이다. 뒤에서 읽을 디킨슨의 시에서 배우는 바처럼 이렇게 죽음은 삶과 동행한다.

나는 파리가 윙윙거리는 걸 들었다 I Heard a Fly Buzz

에밀리 디킨슨(Emily Dickinson, 1830-1886)

나는 파리가 윙윙거리는 걸 들었다—내가 죽을 때—
방 안의 정적은
공기 중의 정적과 같았으니—
폭풍의 융기 사이에서—

주변의 눈들은—쥐어짜 말라버렸고—
숨은 멈춰있었으니
그 마지막 헐떡거림을 기다리며—왕께서
방에—왕림하시는 때—

나는 내 재산을 상속했고—유산 중에서
양도할 수 있는 건
처분했다—그 다음에
파리 한 마리가 끼어들었으니—

푸른색이—확신 없이 비틀거리며 윙윙—
빛과—나 사이에서—
그 다음에 창문이 흐릿해지고—그 다음에

난 보려 해도 볼 수 없었다—

해설

디킨슨의 가장 유명한 시 중 한 편이다. 이 시는 이미 죽은 사람이 죽음의 순간을 회상하는 내용을 담고 있다. 방 안 정적을 폭풍의 융기 사이에 있는 공기 중 정적에 비유한 것에서 화자가 고통으로 인한 발작을 여러 번 했고, 이 시는 아마도 마지막 발작 직후 화자가 숨을 고르고 있던 중에 일어난 일을 다루고 있음을 알 수 있다. 화자의 침대 주위에서 눈물 흘리던 가족과 친구들은 이제 숨죽이며 화자가 마지막 숨을 거두길 기다리고 있다. 그런데 이때, 전통적인 기독교 신앙에 따르면 왕이신 그리스도가 신자의 영혼을 거두러 왕림하실 이때, 파리 한 마리가 윙 하며 날아든다. 그리스도 대신 나타난 이 파리는 죽어가는 화자의 시선과 빛 사이를 가로막는다. 마지막 연 1행에서 푸른색의 파리는 일정한 방향 없이 이리저리 날아다니며 윙윙 소리를 낸다. 시각적, 동적, 청각적 심상이 한 행에서 이어지는 공감각적 심상이 나타나는 것이다. 시 전체에 산재하는 대시(dash)가 시행을 쪼개놓은 것은 앉았다 날기를 반복하는 파리의 움직임을 모방한 것으로 볼 수 있다. 이제 화자는 마지막 숨을 거두는데, 창문이 흐려지며 사라지더니 "보려 해도 볼 수 없었다"고 말한다. 처음의 '보다'는 '이해하다'를 의미하고, 나중의 '보다'는 문자적 의미 그대로이다. 죽어서 더 이상 보질 못하니 자신에게 일어나는 일을 이해할 수 없게 된 것이다. 엄숙해야 할 죽음의 순간에 파리 한 마리가 날아든 상황을 통해 죽음의 현실과 진실을 얘기하고 있는 시이다.

내가 죽음을 위해 멈출 수 없기에

Because I Could Not Stop for Death

에밀리 디킨슨(Emily Dickinson, 1830-1886)

내가 죽음을 위해 멈출 수 없기에—
친절하게도 그가 날 위해 멈추었네—
마차엔 오직 우리만 있었지—
그리고 불멸도.

우린 천천히 달렸어—그는 서두르지 않았고
난 그의 정중함에
내 일과 여가도
두고 왔지—

우린 학교를 지나갔는데, 쉬는 시간에
아이들이—씨름판에서—겨루고 있었지
우린 알곡이 응시하는 들판도 지났어—
우린 지는 해도 지났지—

아니 정확힌—해가 우릴 지났지—
이슬에 적시니 떨리고 추웠어—
단지 얇은 천 가운—

얇은 명주—스카프만 두르고 있었으니

우린 땅이 부풀어 오른 것 같은—
집 앞에서 멈추었어
지붕은 거의 보이질 않고—
땅 위에—배내기만—

그로부터—수백 년이지—하지만
내가 처음 말들의 머리가
영원을 향하고 있다고 느낀—
그날보다 더 짧게 느껴지네

해설

이 작품 역시 가장 유명한 영시 중 한 편이다. 그런데 해석은 간단치가 않다. 시 초반부에서 죽음은 다정한 연인처럼 나타난다. 스스로 목숨을 끊는 게 아닌 이상 죽음을 찾아가는 사람은 없다. 그래서 죽음이 날 사후세계로 데려가기 위해 친절하게도 날 데리러 왔다는 것이다. 그런데 지금 여기서 화자가 이미 죽은 사람인 건지, 아니면 살아있는 사람인 건지가 아리송하다. 전자의 견해를 취하자면 죽음이 모는 이 마차는 영구차이고 화자가 입고 있는 얇은 옷은 수의이다. 그러나 여기에서는 후자의 견해를 따르는데, 후자가 전체적으로 시를 더 잘 설명해 준다고 보기 때문이다. 살아있는 인간인 화자가 죽음의 마차를 탔다는 것은 삶은 곧 죽음과의 동행임을 일깨워 준다. 끊임없이 우리는 우리 자신의 필멸성을 의식할 수밖에 없다. 마차에 불멸이 타고 있었다는 사실은 화자가 기독교적인 사후세계관을 갖고 있음을 말해준다. 죽음 이후엔 영혼이 천국에서 신과 함께 영원히 거한다는 믿음을 갖고 있는 것이다. 그러나 이 생각은 수동적으로 주입된 관념에 불과하고, 사실 화자는 대부분의 사람들처럼 죽음에 대해 깊이 생각해 본 적이 없다. 그래서 죽음의 정중한 태도에 자신의 일과 여가를 두고 왔다고 말하는 것이다. 죽음의 기사도적 매너에 현혹되어 그의 실체를 궁구하는 노력을 하지 않은 것이다. 화자와 죽음의 동행은 일생 동안 계속된다. 화자는 혈기왕성한 어린 시절과 알곡의 들판이 상징하는 중년 시절을 보낸다. 알곡이 주변을 응시하는 것은 죽음이 머지않아 온다는 것을 알기에 세상을 자신의 눈에 최대한 담아두려고 하기 때문이다. 화자가 지는 해를 지났다고 말하고선 반대로 해가 자신을 지났다고 정정하는 것은 해가 화자 앞에 있는 거라면 아직 죽음까진 시간이 좀 남아있는 것이기 때문이다. 삶을 조금이라도 연장하고 싶은 것이 인간의 본성이다. 얇은 옷과 스카프만 걸치고 온 화자는 추위를 느끼면서 이제야 죽음이 애초에 생각했던 다정한 연인이 아님을 깨닫는다. 죽음은 화자에게 따뜻한 옷이 필요하다고 얘기해 주지도 않았고, 추위에 떠는 지금의 화자를 위해 어떤 일도 하지 않는다. 죽음은 화자의 필요에 철저히 무반응으로 일관한다. 죽음이 모는 마차는 드디어 화자의 무덤에 도착하고, 그로부터 수백 년이 흐른다. 그런데 이 기나긴 시간이 하루보다 더 짧게 느껴졌다는 말은 지금 화자의 사후세계가 불멸의 기독교적 관념으로 이해했던 것과 상당히 다름을 의미한다. 관련해 1연의 “불멸”이 마지막 연에서 “영원”으로 바뀐 사실에 주목해야 한다. 불멸은 신과 함께하는 영광스럽고 지고한 행복의 시간이지만 영원은 시간의 무한한 흐름일 뿐이다. 결국 화자는 죽음을 경험하고 나서야 죽음의 실체를 이해하게 된다.

젊어서 죽은 경기자에게 To an Athlete Dying Young

앨프리드 에드워드 하우스먼(Alfred Edward Housman, 1859-1936)

네가 우리 읍의 대표로 경주에서 우승했을 때
우린 널 의자에 앉혀 메고 시장을 다녔지.
어른이든 아이든 갈채를 보냈고,
널 어깨높이로 집에 데려다줬지

오늘, 모든 주자들이 들어오는 길에서
우린 널 어깨높이로 집에 데려와,
문간에 널 내려놓네,
더 조용한 마을의 주민이 된 너.

영리한 젊은이, 영광이 오래 머물지 않는
들판에서 일찍 떠나버리다니,
거긴 월계수가 이르게 자라도
장미보다 빨리 시들지

그늘진 밤이 감긴 눈들은
기록이 깨진 걸 보지 못할 테고,
흙이 귀를 막아버린 후엔

침묵이 환호보다 나쁘게 들리진 않겠지.

이제 넌 자신의 영예를 소진한
젊은이들 무리에 끼지 않을 거야,
그들은 명성이 자신을 앞질러 달려
이름이 그 자신보다 먼저 죽은 주자들.

그러니 어둠의 문턱에 빠른 발을
내려놓아라, 그 메아리가 희미해지기 전에,
그리고 낮은 문 위 가로대로
아직 뺏기지 않은 우승컵을 들어올려라

이른 나이에 월계수를 쓴 머리 주변으로
힘없는 죽은 이들이 보려고 몰려들어서는
소녀의 것보다 빨리 시드는 화환이
그의 곱슬머리 위에선 시들지 않음을 볼 게야.

해설

일찍 세상을 떠난 한 젊은이의 죽음을 애도하는 시이다. 이 젊은이는 고향의 대표 선수로 육상경기에 나가 우승을 해서 사람들의 큰 환호 속에 집에 돌아왔다. 그러나 어떤 이유에선지 얼마 지나지 않아 고인이 되었다. 사람들이 젊은이의 관을 메고 가는 "모든 주자들이 들어오는 길"은 말 그대로 대로(大路)이면서, 인생의 길을 달려온 모든 인간의 종착지는 죽음임을 의미한다. 또 관을 젊은이의 집 문간에 내려놓았다는 것은 문자 그대로의 의미도 있지만, 젊은이가 현세에서 내세로 들어가는 문간에 서있음을 뜻하는 것이기도 하다. 여기서 죽은 젊은이가 새 주민이 될 "조용한 마을"은 기독교 신앙의 천국도 지옥도 아니다. 그것은 고대 그리스인들의 사후세계, 사람이 죽으면 누구나 가는 하계(下界, 하데스)를 의미한다. 하우스먼이 그리스어와 라틴어에 능통한 고전 학자였던 사실과 관련이 있는 듯하다. 시인은 젊은이를 영리하다고 부르면서, 우승의 영광이 바래고 그 기록이 누군가에 의해 깨지는 걸 보기 전에 삶을 마감한 건 잘한 일이라고 칭찬한다. 명성이 자신보다 너무 앞질러 달려 소멸해 버린 탓에, 과거의 영예를 기억해 주는 이 없이 쓸쓸히 인생의 황혼기를 보내는 사람들보다 시들지 않는 월계수관을 머리에 쓰고 하계에 온 젊은이가 훨씬 낫다는 것이다. 그는 선수로서 최고의 명성을 누릴 때 죽었다. 그러나 젊은이가 일찍 죽길 잘했다는 시인의 말은 진심일까? 이 시에서 죽은 사람들이 어떤 이미지로 묘사되는지에 주목해야 한다. 죽음은 결국 영원한 정적과 어둠, 무기력에 다름 아니다. 시인은 젊은이의 이른 죽음을 진심으로 애도하면서, 일찍 죽은 것이 차라리 낫다는 말로 자신과 죽은 젊은이를 위로하고 있다.

꺼져라, 꺼져 Out, Out—

로버트 프로스트(Robert Frost, 1874-1963)

둥근 톱이 마당에서 으르렁, 덜거덕 소리 내면서
먼지를 일으키고 난로 길이의 나뭇가지를 떨어뜨렸다,
미풍이 불 때 향내 나는 나뭇가지.
거기서 눈을 쳐드는 사람은 멀리 버몬트주(州)의
노을 진 하늘 아래 앞뒤로 늘어선
5개의 산맥을 셀 수 있었다.
그리고 톱은 으르렁, 덜거덕, 으르렁, 덜거덕 소리 냈다,
경쾌하게 움직일 때도, 하중(荷重)을 받을 때도.
아무 일도 안 일어났다. 하루가 거의 끝났다.
오늘은 여기까지 하죠, 나는 그들이 이 말로 소년이
일을 쉴 때면 너무나 소중히 여기는 반 시간을
그에게 주어서 그를 기쁘게 해주길 바랐다.
앞치마를 두른 소년의 누이는 그 옆에 서서
"저녁 드세요" 말했다. 그 말에, 톱은,
톱이 저녁의 의미를 안다는 걸 증명이라도 하듯,
소년의 손을 향해 뛰어올랐다, 아니 그렇게 보였다—
그가 손을 내밀었음이 분명하다. 어찌 되었든,
아무도 만남을 거부하지 않았다. 그러나 손!

소년의 첫 절규는 애처로운 웃음이었다,
그가 그들에게 몸을 돌려 반은 호소하러,
또 반은 생명을 엎지르는 걸 막기 위해 손을
들어 올렸을 때. 그러자 소년은 모든 걸 깨달았다—
그는 알 만큼 나이를 먹었으니까, 마음은 어려도
어른의 노동을 하는 덩치 큰 소년이니까—
그는 모든 게 글렀음을 알았다. "그가 내 손을 자르지 않게 해줘—
의사 말이야, 그가 오면. 의사가 자르지 않게 해줘, 누이야!"
정말로. 그러나 손은 벌써 사라졌다.
의사가 마취제를 놓자 그는 어둠 속에 빠졌다.
—누워있는 그가 숨을 몰아쉬자 입술이 부풀어 올랐고,
그리고 다음엔—간호인이 그의 맥을 짚더니 흠칫했다.
아무도 믿지 않았다. 그들은 그의 가슴에 귀를 대고 들었다.
소리가 약간 있더니—줄어들고—아예 없었다!—이걸로 끝이었다.
거기에 더 보탤 건 없었다. 그리고 그들은, 그들이
죽은 사람은 아니었기 때문에, 작업을 재개했다.

해설

소년은 어른들과 함께 목재를 톱으로 절단하는 작업을 하고 있는 중이다. 그런데 톱은 마치 동물처럼 그것만의 생명력이 있는 존재로 묘사된다. 개처럼 으르렁 거리고, 덜거덕 소리를 내고, 먼지를 일으키고, 또 저녁 식사의 의미를 알아듣곤 소년의 손을 향해 뛰어들기도 한다. 시의 화자는 눈만 쳐들면 5개의 산맥이 늘어선 장대한 자연 풍경을 볼 수 있었다고 말한다. 그런데 이 사람들은 그런 자연이 자신과는 아무 상관이 없다는 듯 눈앞의 작업에만 열중하고 있다. 이 작업도 자연물인 나무를 자신들의 목적대로 가공하는 일이다. 자연과 유리된 채 생존을 위한 노동에 매여 살아가는 인간의 모습이 그려진다. 화자는 오늘은 여기까지 하죠, 하며 작업을 마치고 소년에게 30분의 놀 시간을 더 준다면 소년이 참 좋아했을 텐데 어른들이 그러질 않는다고 안타까워한다. 화자는 톱이 소년의 손으로 뛰어올랐다고 말한 후 그런 것처럼 보였다고 수정하고 다시 소년이 (실수로) 팔을 내민 게 틀림없다고 말한다. 자신의 묘사가 사실성을 결여하면 안 됨을 의식하기 때문이다. 소년이 의사가 자신의 손을 자르지 않게 해달라는 말을 어른들이 아닌 누이에게 하는 데서, 그가 함께 일하는 어른들과 아무런 정서적 유대감이 없었음을 알 수 있다. 결국 소년은 과다출혈로 숨을 거두고, 살아남은 어른들은 아무 일도 없었다는 듯 다시 노동으로 돌아간다. 산업화 이후의 노동이 노동자인 인간을 얼마나 비인간화했는지가 여실히 드러난다. 아마 그들은 소년에게 마음을 쓰고 싶어도 목재 작업으로 근근이 먹고 살아가는 척박한 현실 때문에 그러기가 어려웠을 것이다. 제목인 "꺼져라, 꺼져"는 셰익스피어의 〈맥베스〉에서 주인공 맥베스가 인생을 짧은 촛불에 비유하면서 한 말이다. 바람 한번 맞고 불이 꺼지는 초처럼, 소년은 비극적인 사고로 허무하게 인생을 마감한다.

죽은 젊은이를 위한 송가 Anthem for a Doomed Youth

윌프레드 오언(Wilfred Owen, 1893-1918)

가축떼처럼 죽어가는 이들에게 무슨 조종이 울리나?
—단지 대포의 괴물 같은 분노뿐.
단지 더듬거리는 소총의 빠른 드르륵 소리만이
그들의 황급한 기도를 빠른 말투로 외리라.
그들에게 이젠 조롱도, 기도나 조종도,
어느 애도의 소리도 없으니, 저 합창을 빼곤—
울부짖는 포탄의 날카롭고 실성한 합창,
슬픈 마을로부터 그들을 부르는 나팔소리.

그들 모두와 작별하기 위해 어느 양초가 들려질까?
소년의 손으로가 아니라, 그들의 눈에서
작별의 거룩한 한 가닥 빛이 빛나리라.
소녀들의 창백한 이마는 그들의 관 덮는 보가 되리라.
그들의 꽃들은 인내하는 사람의 다정함이 되고,
그들 각자의 느린 어스름은 블라인드의 내림이 되리라.

해설

영국군 장교로 제1차 세계대전에 참전한 시인은 자신이 직접 경험한 전쟁의 참상을 다룬 작품들을 남겼다. 이 시는 제목 그대로 전쟁에서 헛되이 목숨을 잃은 수많은 젊은이들에게 바치는 송가라 할 수 있다. 전쟁에서 병사들은 개성을 박탈당한 채 철저히 비인간화되어 대량으로 도살되는 소떼처럼 죽어간다. 기술의 발전으로 고안된 대량살상용 무기에 허무하게 목숨을 잃는 이들에겐 장례식의 조종도, 기도도, 합창도 없다. 각종 무기의 소음만이 조종, 기도, 합창을 대신할 뿐이라는 시인의 말에서 그가 죽은 병사에게 최소한의 장례조차 치러줄 수 없는 처참한 상황 속에 있음이 드러난다. 2연은 병사들의 고향 마을을 묘사한다. 전사한 병사의 동생일 소년의 눈빛은 형과의 작별의 거룩한 빛이고, 병사의 여동생 혹은 연인일 소녀의 창백한 이마는 병사의 관을 덮는 보가 된다. 마지막으로 병사의 가족들이 하루 해가 질 때 창문의 블라인드를 내리는 것은 병사가 눈을 감고 영원한 어둠 속에 들었음을 뜻한다. 이렇게 고향의 남겨진 자들은 본인은 의식 못 해도 각자의 방식으로 병사의 장례식을 치른다. 시인 자신도 이 전쟁터에서 목숨을 잃는다. 제1차 세계대전의 종전 일주일 전이었고, 그의 나이 25살이었다.

점잖게 저 영원한 밤으로 들어가지 마세요

Do Not Go Gentle into That Good Night

딜런 토머스(Dylan Thomas, 1914-1953)

점잖게 저 영원한 밤으로 들어가지 마세요,
노년은 하루가 끝날 때 불타오르고 소리쳐야 해요.
빛이 사라지는 것에 격노하고 격노하세요.

현자들이 종국에는 어둠이 옳다는 걸 알면서도,
그들의 말이 아무 번개도 치게 하지 못했기에, 그들은
점잖게 저 영원한 밤으로 들어가지 않아요.

선한 이들은, 마지막 파도일 때, 그들의 노쇠한 행동이
녹색 만에서 얼마나 밝게 춤출 수 있었을지 외치며,
빛이 사라지는 것에 격노하고 격노해요.

달리는 태양을 발견하고 노래하는 격정적인 이들은,
그들이 지는 태양에 비통해했음을 너무 늦게 깨닫고,
점잖게 저 영원한 밤으로 들어가지 않아요.

근엄한 이들은, 죽음이 가까이 오면, 시력을 잃고 있지만,
못 보는 눈도 유성처럼 빛나고 즐거울 수 있는 걸 알고서,

빛이 사라지는 것에 격노하고 격노해요.

그리고 당신, 나의 아버지, 거기 슬픔의 고지에서,
기도하노니 당신의 격렬한 눈물로 지금 날 저주하고 축복하세요,
점잖게 저 영원한 밤으로 들어가지 마세요,
빛이 사라지는 것에 격노하고 격노하세요.

해설

죽어가는 아버지에게 바치는 시이다. 2014년 영화 〈인터스텔라〉에서 극중 인물이 낭송하는 시이기도 하다. 영화에서 인류는 지구에서 오래잖아 생존이 불가능해지는 상황에 처하자 인류가 이주해 살 만한 별을 찾기 위해 소수의 인원을 우주로 보낸다. 포기하지 않고 인류의 생존을 모색하는 주인공들의 모습과 마지막 순간까지 결연한 자세로 죽음에 맞서 싸우라는 시의 메시지가 서로 통하는 것 같다. 이 시는 '빌라넬(villanelle)'이라는 정형시인데, 3행 연 5개와 4행 연 1개, 총 19행으로 이루어져 있고, 1연의 1행과 3행이 아래 연들에서 반복되다 마지막 연의 3행과 4행에서 다시 함께 나타난다. 죽음에 굴복해 그 영면(永眠)에 순순히 들어가지 말고 꺼져가는 생명의 빛을 되살리기 위해 있는 힘을 다해 분투하라는 내용의 두 개 행은 시 전체에서 반복되면서, 마치 절박한 마음으로 반복해 되뇌는 기도처럼 들린다. 시인은 4개 유형의 노인들(현자, 선한 자, 격정적인 자, 근엄한 자)이 다가오는 죽음에 어떤 자세로 임하는지를 묘사한 후, 침대에 누워 죽어가고 있는 아버지를 부른다. 아버지는 지금 죽음으로 넘어가기 직전의 고지 위에 있다. 축복 말고 저주를 해도 좋으니 죽음의 자리를 털고 일어나 힘껏 소리쳐 보라는 시인의 말에서 깊은 슬픔이 느껴진다. 웰다잉(Well-dying)을 얘기하는 요즘, 시인의 죽음관이 과연 얼마나 바람직한지에 대해서도 생각해 볼 만하다. 죽음과 싸우기보단 그것을 순순히 받아들이면서 차분하게 죽음을 준비하는 것도 죽음을 대하는 한 자세 아닐까?

아이스크림의 황제 The Emperor of Ice-Cream

월리스 스티븐스(Wallace Stevens, 1879-1955)

큰 시가를 말고 있는, 근육질 남자를
불러라, 그에게 주방에서 컵 안 색욕(色慾)의
응유(凝乳)를 휘저으라 해라.
어린 처자들은 평소 입던 옷을 입고
빈둥거리라 하고, 사내들은 지난달 신문으로
꽃을 싸서 가져오라 해라.
본질이 외양의 종말이 되게 하라.
유일한 황제는 아이스크림의 황제이다.

유리 손잡이 3개가 없어진
전나무 화장대에서 그녀가 한때
공작을 수놓았던 그 시트를 꺼내
펼쳐 그녀의 얼굴을 덮어라.
각질의 발이 비어져 나온다면, 그로써 그녀가
차갑고 아무 말도 없음이 드러난다.
램프의 불빛이 비추게 하라.
유일한 황제는 아이스크림의 황제이다.

해설

가난한 한 여인이 죽자 이웃들이 이 여인의 집에서 경야(經夜)를 할 준비를 하고 있다. 1연은 주방에서 일어나는 일을, 2연은 시신이 안치된 침실을 묘사한다. 주방에선 시가(cigar) 제조가 직업인 근육질 남자가 아이스크림을 만들고 있다. 그런데 화자가 아이스크림의 응유를 색욕과 연관 짓는 것에 주목하자. 젊은 여자들은 평소의 옷차림으로 경야에 오고, 남자들은 꽃병이 아닌 신문에 꽃을 대충 싸가지고 온다. 이들은 여인의 죽음에 딱히 슬퍼하는 것 같지 않다. 오히려 경야를 아이스크림을 먹으며 사교를 할 좋은 기회로 여기고 있다. 이처럼 죽음에는 아무 특별한 것이 없다. 장례에 맞는 복장을 하고 꽃을 꽃병에 담아 갖고 오는 것은 외양의 문제이다. 특별한 것이 없다는 게 죽음의 본질인데 특별한 것이 있는 양 이런 외양에 신경을 쓰는 것은 무의미하다. 여인의 죽음을 애도하러 모인 이곳에서 유일한 황제가 아이스크림의 황제라는 말의 의미를 곱씹어 보자. 2연에서 묘사되는 화장대와 각질의 발은 고인이 된 여인이 가난하고 힘든 삶을 살았음을 암시한다. 램프의 불빛이 시신을 비추게 하라는 것은 죽음을 회피하지 말고 똑바로 직시하라는 의미로 이해할 수 있다. 차갑고 아무 말도 없는 시신, 이것이 죽음의 실체이다. 시인은 죽음을 감상적으로 다루는 것을 단호히 배격한다. 1연의 마지막 행이 반복되며 시가 끝나는데, 아이스크림은 간단히 말해 우리가 육신으로 경험할 수 있는 즐거움을 상징한다. 아이스크림은 곧 녹아 없어진다. 인생의 즐거움도 누릴 수 있을 때 누려야지 때가 지나면 다시 기회는 없다. 경야에 모여든 사람들에겐 죽음의 애도보다 그들이 지금 살아있기에 먹을 수 있는 아이스크림에서 얻을 육감적 쾌락이 더 중요하다. 따라서 아이스크림을 나누어주는 근육질 남자야말로 유일한 황제인 것이다. '카르페 디엠'(현재를 즐겨라)의 철학과도 통하는 생각이라 하겠다.

5 독일 시

아름다움의 무상함 Vergänglichkeit der Schönheit

크리스티안 호프만 폰 호프만스발다우
(Christian Hoffmann von Hoffmannswaldau, 1616-1679)

언젠가 때가 오면 창백한 죽음이
차가운 손으로 네 가슴을 쓰다듬겠지.
너의 예쁜 산홋빛 입술도 퇴색할 거야.
따스한 네 어깨는 얼어붙은 모래가 되고.

눈빛의 달콤한 반짝임, 손의 활력,
언젠가 힘을 잃어 점차 스러지겠지.
너의 머리카락은 황금빛 햇살과 견주지만
세월의 손길에 하찮은 머리띠처럼 사라질 거야.

너의 작고 귀여운 발, 우아한 자태,
모두 먼지 되어 허공에 흩날리겠지.
이제 너를 신처럼 떠받드는 이 없어.

이것, 이것보다 더 많은 것이 끝내 몰락하리.
그러나 너의 마음만은 영원히 살아남으리라,
자연이 네 마음을 다이아몬드로 만들었으니.

해설

독일 바로크 시대의 작품(1695)으로 30년 전쟁이 끝난 뒤의 시대적 영향이 시에 남아있다. 전쟁으로 삶이 피폐해진 여파로 삶의 무상감이 기조를 이룬다. 나이를 먹으면서 잃어가는 아름다움의 상실을 다루고 있다. 전통적인 소네트 형식(1·2연 4행, 3·4연 3행을 갖는 구조)을 통해 시인은 변증법적으로 3번째 연에 가서 반전을 이루어낸다. 무엇보다도 육체의 무상성과 영혼의 영속성이 대조를 이룬다. 죽음은 우리 눈에 보이는 모든 외적인 것을 파괴한다. 다만 우리 내면에 자리 잡은 마음만은 어쩌지 못한다. 이 소네트는 결국 외적인 것보다 내적인 가치를 중요시하라는 메시지를 담고 있다.

이른 무덤들 Die frühen Gräber

프리드리히 고틀리프 클롭슈토크(Friedrich Gottlieb Klopstock, 1724-1803)

어서 오라, 오 은빛 달아,
이 밤의 아름답고 조용한 동반자여!
도망치니? 가지 말고, 멈춰라, 내 마음의 친구여!
보라, 달은 멈추어 서고 구름만 흐른다.

5월이 눈을 뜨니
여름밤보다 사뭇 아름답다,
달의 머리카락에서 해맑은 이슬이 떨어지고,
언덕 위로는 붉은 달이 떠오른다.

고귀한 이들아, 아, 그대들 묘비에는
어느새 진지한 이끼가 자랐구나!
오, 나 얼마나 행복했던가, 그대들과 함께
붉게 동트는 하늘과 은은한 밤을 보던 그 시절.

해설

시적 화자는 달을 보며 일찍 세상을 뜬 친구들 생각에 잠긴다. 달은 밤의 동행자이면서 시적 화자에게는 마음의 친구다. 첫 번째 연에서는 달에게 가지 말고 멈추라고 한다. 그리고 흘러가는 것은 구름이라고 자신을 위로한다. 구름은 인생처럼 무상하지만 시적 화자는 달에게서 영원한 것을 본다. 2연에서는 지상의 아름다움을 말한다. 5월이 눈 뜨면 봄이 본격적으로 시작되고 이는 여름밤보다 훨씬 아름답다. 풀에 맺힌 맑은 이슬이 떨어지는 것을 보면서 시인은 달의 고수머리에서 해맑은 이슬이 떨어진다고 표현하며 순수한 동심의 시절로 발길을 이끈다. 3연에서는 묘비들이 등장하며 어린 친구들과 함께 붉게 해 뜨는 아침과 은은히 달 뜨는 밤을 바라보던 그때가 행복했음을 고백한다. 일찍 죽은 친구들의 비석은 이미 이끼에 덮여있다. 시인은 자연과 인간의 대비를 통해 무상감을 표현하고 있다. "진지한 이끼가" 일찍 세상을 뜬 친구들의 말 없는 마음을 대변한다. "이른 무덤들"의 "이른"은 너무 일찍 만들어진 무덤의 의미를 갖는다. 독일 감상주의 시기(1740-1790)에 사랑하는 이들의 상실을 노래한 시이다.

마왕 Der Erlkönig

요한 볼프강 폰 괴테(Johann Wolfgang von Goethe, 1749-1832)

이 늦은 밤에 바람을 뚫고 말달리는 자 누구인가?
아이를 안은 아버지라네.
아버지는 아이를 품에 꼭 안아,
안전을 지켜주며 몸을 따스하게 해주네.

아들아, 무엇이 두려워 그렇게 얼굴을 감추느냐?
"아버지, 마왕이 눈에 안 보이나요?
왕관을 쓰고 옷자락을 휘날리는 마왕이요?"
아들아, 저건 안개의 띠란다.

'얘야, 어서 이리 오너라, 나와 같이 가자!
너와 함께 아주 멋진 놀이를 놀아줄 거야.
바닷가에는 꽃들이 만발해 있단다.
나의 어머니에겐 황금 옷이 아주 많아.'

"아버지, 아버지, 저 소리가 안 들려요?
마왕이 나한테 약속하는 저 소리가요?"
얘야, 진정하거라, 진정해.

저건 바람이 마른 나뭇잎을 스치는 소리야.

'멋진 아이야, 나와 함께 가지 않으련?
나의 딸들은 예쁜 모습으로 너를 기다린단다.
나의 딸들은 야간 무도회를 열 거야,
너와 함께 몸을 흔들며 춤추고 노래할 거야.'

"아버지, 아버지, 저기 저 어둑한 곳에
마왕의 딸들 모습이 안 보이세요?"
아들아, 아들아, 저게 뭔지 잘 보인다,
늙은 버드나무가 무섭게 보이는 거야.

'너를 사랑한다, 아름다운 네 모습에 반했어.
말을 안 들으면, 내가 힘을 쓸 수밖에 없어.'
"아버지, 아버지, 이젠 마왕이 나를 붙잡아요!
마왕이 나를 아프게 하고 있어요!"

아버지는 섬뜩하여 서둘러 말을 달린다,

품에는 신음하는 아이를 안은 채로,

천신만고 끝에 궁정에 도착한다.

아버지의 품에서 아이는 죽어있었다.

해설

이 시는 아버지가 아픈 아이를 말에 태우고 의사를 찾아가는 과정을 그리고 있다. 이것이 이 시의 서사구조다. 그러나 시인은 여기에 자연을 바라보는 아버지와 소년의 눈길을 넣어 나름의 창조적 메시지를 전달하고 있다. 소년은 자연 속에서 마왕을 보나, 아버지는 그렇지 못하다. 물론 이성적인 아버지는 뭔가 섬뜩한 것을 느끼기는 한다. 시인은 시대적으로 계몽주의에서 벗어나면서 자연에서 뭔가 무의식적 위협을 감지하기에 이른다. 이 무의식적인 것을 독일 시에서 표현한 것은 괴테가 처음이다. 자연을 신의 창조물로만 보지도 않고 정복의 대상으로만 보지도 않으면서 자연 자체에 마성을 부여한 것이 특징이다. 이로써 인간의 내면 깊은 곳에 있는 무의식적 지층이 표현되기에 이른 것이다. 순수한 아이만이 이것을 볼 수 있다.

이 시는 괴테가 쓴 대표적인 담시(Ballade)다. 담시는 서사, 서정, 극의 세 가지 요소를 다 갖춘 문학 장르를 말한다. 괴테는 담시를 문학의 태초의 알(Ur-Ei)이라고 이름 짓고 젊은 시절 여기에 진력했다.

나를 잊지 마세요 Vergiß mein nicht

노발리스(Novalis, 1772-1801)

나를 잊지 마세요, 언젠가 부드럽고 서늘한 흙이
당신을 위해 다정스레 고동치던 이 심장을 덮더라도.
그때는 더 완벽하게 사랑하게 될 것입니다,
예전엔 이 심장이 약점과 실수투성이였다 하더라도.

그때는 자유로운 이 정신은 당신을 축복하며 떠돌고
당신의 정신에 위안과 달콤한 예감을 줄 겁니다.
당신 영혼에 부드러이 말 거는 이 있으면 나라고 생각하세요,
나를 잊지 마세요! 나를 잊지 마세요!

해설

“나를 잊지 마세요”라는 구절이 시의 첫 행과 마지막 행을 장식하고 있다. 특히 마지막 행에는 이 말이 절규하듯 두 번이나 놓여있다. 시적 화자는 자신이 죽은 뒤에도 자신의 부족했던 사랑을 잊지 말아 달라고 사랑하는 이에게 호소한다. 사랑의 간절함을 죽음의 모티프를 써서 표현하고 있다. 지극히 낭만주의적 발상이다. 오히려 이승에서는 부족함이 드러나지만 죽음의 세계로 넘어가면 더 완벽해질 수 있다는 생각이다. 1794년 여름에 쓴 작품이다. 22살의 노발리스가 그뤼닝겐에서 12살 난 첫사랑의 소녀 조피를 만난 것이 같은 해 11월 17일이니까 그녀와의 만남 이전에 쓴 습작이라고 할 수 있다. 하지만 이미 그의 대표작 〈푸른 꽃〉의 맹아를 담고 있고 조피와의 애틋한 사랑의 과정을 예언적으로 실현하고 있다. 학계에서 아직 이 시의 작자가 확정되지 못했다고 하지만 첫 구절의 통속적 언급만 빼놓고 보면 충분히 노발리스의 세계를 드러내 보여주고 있다.

예배당 Die Kapelle

루트비히 울란트(Ludwig Uhland, 1787-1862)

저 산꼭대기에 예배당이 서서
조용히 골짜기를 굽어보네.
아래쪽 초원 샘물 곁에서는
목동이 밝고 기쁘게 노래하네.

종소리 슬프게 들려오고,
장례의 합창 으스스하네.
즐겁던 노랫소리 잠잠해지고,
목동은 위쪽에 귀 기울이네.

저 위 무덤으로 옮겨지는 자들,
계곡에서 즐거워했던 사람들이네.
목동아, 목동아! 너 또한
언젠가 저 노래의 영접을 받으리라.

해설

산꼭대기의 예배당과 아래쪽의 일반적 삶의 현실이 극명하게 대조를 이루는 시이다. 둘은 나아가 성스러운 종교적 세계와 쾌락을 추구하는 세속의 세계를 상징한다. 의인화된 산꼭대기의 예배당은 속세의 사람들이 하는 행동을 마치 신처럼 내려다본다. 거기에 아랑곳하지 않고 목동은 초원에서 샘물을 마시며 노래하면서 젊음과 기쁨을 만끽한다. 이때 예배당에서 들려오는 종소리를 듣고 목동은 숙연해져 거기에 귀 기울인다. 장례의 종소리다. 유쾌하던 청춘도 결국엔 저 종소리와 장례의 노래로 끝날 것임을 시인은 마지막 연에서 노래한다. 언제나 '죽음을 기억하고' '삶에 진실하라'는 뜻이다.

독일 튀빙겐 구시가에 위치한 시청 앞에서 출발하여 튀빙겐대학교의 박물관과 몇몇 사회과학 연구소를 품고 있는 호엔튀빙겐 성 꼭대기로 올라가 성의 서쪽에서 산책길을 따라 6킬로미터 넘게 줄곧 걷다 보면 산꼭대기에 예배당이 하나 보인다. 이 길은 슈바벤 낭만시파의 일원이었던 튀빙겐의 시인 루트비히 울란트가 대학 시절 즐겨 산책했던 곳이다. 젊은 시인에게 부름링거 예배당은 산책의 목표지였으며 또한 시의 영감이었다.

잘랄루딘 루미의 시를 따라 Nach Tschelaleddin Rumi

프리드리히 뤼케르트(Friedrich Rückert, 1788-1866)

죽음은 삶의 곤경을 끝내지만,
삶은 죽음을 두려워한다네.

삶은 검은 손만을 볼 뿐이라네,
손에 들린 밝은 잔이 아니라.

심장은 사랑을 두려워하네.
마치 죽기라도 할 것처럼.

사랑이 깨어나는 순간,
나, 검은 독재자는 죽기 때문.

한밤중에 독재자를 죽여라,
아침놀에 너 자유롭게 숨쉬게.

해설

페르시아의 신비주의 시인 잘랄루딘 루미(1207-1273)의 시풍을 따라 뤼케르트가 새롭게 쓴 시다. 이 시에서는 루미의 페르시아적 사고와 뤼케르트의 독일적 사고가 만나고 있다. 루미의 사유방식과 표현방식을 따르고 있지만 번역이라기보다는 뤼케르트의 개인적 창작에 가깝다. 죽음, 삶, 사랑, 심장 등 루미의 시에서 많이 나오는 시어를 가지고 자신의 생각을 신비주의 어법으로 전개한 것이다.

소박한 음률로 심도 있는 성찰을 꾸려내는 것이 뤼케르트의 재주이다. 위 시에서 마지막 4행은 중요한 메시지를 담고 있다. 먼저 첫 2행이 대전제가 된다. 죽음이야말로 삶의 고통을 없애주는데도 우리는 죽음을 두려워한다. 죽음이 들고 있는 황금의 잔은 보지 못하고 죽음의 검은 손만 보고 떨기 때문이다. 여기에 빗대어 시인은 진정한 사랑을 말한다. "나"를 없애야 진정한 사랑이 이루어지고 진정한 자유를 누릴 수 있다고. 이때 아침놀을 보며 자유롭게 숨을 쉴 수 있다. 뤼케르트는 루미가 쓴 시구절 중 '자아에 묶여있는 자신을 해방해야 진정한 사랑을 구가할 수 있다'는 메시지를 차용하고 있다.

어디? Wo?

하인리히 하이네(Heinrich Heine, 1779-1856)

어디가 방랑에 지친 이 사람의
마지막 안식처가 될 것인가?
남국의 어느 야자수 밑일까?
라인 강변의 어느 보리수 밑일까?

황야 어느 곳에 낯선 손에 의해
묻힐 것인가?
아니면 어느 바닷가
모래 속에서 쉴 것인가?

아무러면 어때! 이곳이나 저곳이나
나 하늘로 감싸일 테니.
밤이면 내 머리 위에는 별들이
장례식 등불들처럼 반짝이겠지.

해설

하이네가 추구했던 가치는 자유였다. 평생을 자유인으로 떠돌이 생활을 해왔던 시인은 병마에 시달리며 자신이 죽으면 어느 낯선 곳에 묻힐 것인가를 두고 고민하고 있다. “남국의 어느 야자수 밑일까?/라인 강변의 어느 보리수 밑일까?” 아마도 그는 라인 강변의 보리수 아래 묻히고 싶을 것이다. 두 번째 연에서는 낯선 죽음이 되어 낯선 땅에 낯선 손에 의해 매장될까 두려워하고 있다. 그가 궁극적으로 묻히고 싶은 곳은 고향처럼 아늑한 곳이다. 그러나 궁극적으로 시인은 이 세상 어디나 다 고향이 될 수 있다고 마지막 연에서 고백한다.

파리에서 망명하던 시절에 쓴 작품이다. 하이네는 자유의 도시 파리를 사랑하여 인생의 절반을 이 도시에서 보냈다. 그에게 파리는 혁명의 도시이자 매력의 도시였다. 이 시는 1901년부터 파리 몽마르트르 묘지에 있는 하이네 묘비에 적혀 있다.

생각하라, 그것을, 오 영혼이여! Denk' es, o Seele

에두아르트 뫼리케(Eduard Mörike, 1804-1875)

전나무가 푸르다, 어디인지,
누가 알랴! 숲속에
장미 넝쿨이 있다, 누가 말하랴,
어느 정원인지?
전나무와 장미는 이미 선택받았다,
생각하라, 그것을, 오 영혼이여,
그것들은 네 무덤 위에 뿌리박고
자라도록 선택받았음을.

두 마리 검은 망아지가
초원에서 풀을 뜯고 있다,
망아지들은 읍내로 돌아간다,
기분 좋아 껑충껑충 뛰며.
망아지들은 한 걸음 한 걸음
걸으리라, 너의 시체를 싣고.
아마도, 아마도
망아지들 발굽의
멀리서 반짝이는

편자가 풀리기도 전에.

해설

'메멘토 모리'(죽음을 기억하라)를 테마로 삼은 서구의 문학적 전통에 속하는 작품이다. 1851년 9월에 처음 발표되었을 때는 〈무덤생각〉이라는 제목을 달고 있었지만, 뫼리케의 창작 특성에 맞게 직접적으로 죽음이라든가 무덤을 언급하지 않고 암시적으로 독자에게 호소하는 방향을 택했다. "전나무", "장미 넝쿨"과 들판에서 풀을 뜯고 있는 두 마리의 "검은 망아지" 같은 표현은 비더마이어 전원 시인에게서 찾아볼 수 있는 소박함의 증거물들이다. 푸르고 한가롭고 평화롭지만, 오히려 이 풍경은 치명적인 것을 위한 대비의 배경이다. 행복한 순간 뒤엔 죽음이 뒤따른다. 망아지는 경쾌하게 깡충깡충 뛰어가고 편자가 반짝이지만, 나중에 그들이 싣고 가는 것은 "너의 시체"이다. 두 번째 연에 쓰인 미래형 조동사 "werden"과 부사 "아마도"는 현재 당장 닥친 것은 아니지만 결국엔 그렇게 될 수밖에 없음을 알려준다. 아무리 나무가 푸르고 망아지가 즐겁게 집으로 돌아가지만, 삶 속에는 죽음이 숨어있는 것이다. 우리는 죽음 앞에 겸손해질 수밖에 없다. 그것을 시인은 "생각하라, 그것을, 오 영혼이여!"라는 말로 자신에게 각성시키는 것이다.

유언 Letter Wille

프리드리히 니체(Friedrich Nietzsche, 1844-1900)

그렇게 죽고 싶다,
언젠가 내 눈으로 보았던 친구의 죽음처럼,
그 친구는 나의 어두운 청춘 시절을 향해
신처럼 번개와 눈길을 던졌지.
당당하고 깊은 눈길을,
전쟁터에서는 춤꾼 같았고—,

전사들 가운데에서는 가장 용감했으며,
승자들 가운데에서는 가장 괴로워했다,
자신의 운명 위에 또 하나의 운명을 놓아가며,
가혹하게, 뒤를 생각하고, 앞을 생각하며—:

승리를 거둔 것에 전율하고,
죽어가며 승리한 것에 환호하며—:

죽어가며 명령하면서,
—파괴하라고 명령했다…

그렇게 죽고 싶다,

언젠가 내 눈으로 보았던 그의 죽음처럼,

승리하면서, 파괴하면서…

해설

이 작품(1883)은 니체가 만년에 쓴 디오니소스 송시 중 하나다. 투쟁에서 승리하는 것이 시적 화자의 목표이다. 이를 위해 그는 전장에서 승리하는 영웅을 그리고 있다. 시적 화자는 언젠가 본 친구의 당당한 죽음을 자기 생의 목표로 삼는다. 그것을 "유언"으로 남기고 있다. 친구의 죽음이 그에겐 영감이 되는 셈이다. "운명"에 대항하여 그 친구는 "가혹하게, 뒤를 생각하고, 앞을 생각하며" 행동한다. 그의 친구는 그에게 번개로서 발전을 위하여 그의 어두운 속성을 밝혀주는 인물이다. 디오니소스 모티프가 니체에게 갖는 의미는 무엇인가? 생성과 파괴의 기쁨이 함께 하는 것이 디오니소스적 인물의 특징이다. 니체의 경우 디오니소스는 차라투스트라와 거의 같은 인물이다. 디오니소스적인 것은 우울과 심연을 넘어 생의 긍정을 발견하려는 니체의 자세와 관련이 깊다. 그에겐 이승에서 운명에 대항하려는 순전한 의지만이 숨 쉰다.

장미여, 오 순수한 모순이여, Rose, oh reiner Widerspruch,

라이너 마리아 릴케(Rainer Maria Rilke, 1875-1926)

장미여, 오, 순수한 모순이여,
겹겹이 싸인 눈꺼풀들 속
익명의 잠이고 싶어라.

Rose, oh reiner Widerspruch, Lust,
Niemandes Schlaf zu sein unter soviel
Lidern.

해설

이 시는 사실 시라기보다는 릴케가 죽기 1년 전에 직접 쓴 자신의 묘비명이다. 일견 장미를 노래하는 짧은 시로 보인다. 그러나 죽음을 예감한 시인은 죽기 1년 전에 이 석 줄짜리 묘비명을 작성하여 자신의 묘비에 새기라고 미리 부탁한다. 따라서 이 시는 묘비명의 관점에서 읽는 것이 좋다. 우리말로 번역하면 사라지고 말지만, 원어로 읽으면 그의 이름 라이너 마리아 릴케의 일부분과 그가 평생 추구했던 세계를 뜻하는 말이 드러난다. "순수한"의 원어는 "reiner"로 릴케의 이름 "라이너"와 발음이 같다. 그리고 "눈꺼풀들"로 번역된 "Lidern"은 '노래'라는 뜻의 'Liedern'과 발음이 같다. 이 두 가지만 놓고 보아도 그가 시인으로서 많은 '노래들'을 남기고 떠난다는 것을 알려준다. 장미는 시인이 평생 좋아했던 꽃으로 완벽한 존재를 상징한다. 장미가 아름답게 피기 위해서는 수많은 다른 조건들이 채워져야 한다. 비와 햇빛, 구름, 공기 등 모든 것이 적절하게 있어야 한다. 이는 한 송이 장미 자체가 시인의 다른 이름임을 알려주는 사실이다. "모순"으로 점철된 삶을 살았던 시인은 이제 "익명의 잠"이 되어 편히 쉬고자 한다.

혼자서 Allein

헤르만 헤세(Hermann Hesse, 1877-1962)

이 세상에는
이런 길 저런 길이 많이 있다.
그러나 모두
목적지는 하나뿐.

말을 타고 갈 수도, 차를 타고 갈 수도,
둘이서 갈 수도, 셋이서 갈 수도 있지만,
마지막 한 걸음을 너는
혼자서 떼어놓아야 한다.

그러므로 어떤 지혜나
능력도 그다지 도움이 되지 않는다,
모든 어려움을
혼자서 짊어지는 수밖에는.

해설

헤세의 고독한 인생관이 잘 드러나는 시다. "혼자서"라는 것은 다른 사람의 존재를 전제하거나 함께하지 않는 것을 말한다. 더 적극적으로 보면 '남의 힘을 빌리지 않는 것'이다. 사람들은 모두 바쁘게 살며 나름의 인생을 개척한다. 인생 목표는 각자 다 다르다. 사람에 따라 누구는 부귀영화를, 누구는 명예를, 누구는 사랑을 제일의 목표로 삼는다. 하지만 인생에 수많은 길이 있고 가는 방법도 다양하지만, 목적지는 궁극적으로 하나다. 그것은 바로 죽음이다. 이 죽음을 우리는 누구하고도 함께 나눌 수 없다. 죽는 순간만큼은 혼자다. 마지막 걸음은 혼자 떼놓아야 한다는 것을 깨닫고 사는 것이 진정한 나를 느끼는 순간이다. 지혜나 배운 능력이 있다고 해서 행복한 것은 아니다. 외적 현실에 시선을 두지 말고 내면에 집중하자는 관점에서 이 시를 읽을 수 있다. "혼자서"라는 제목처럼 죽음에 귀의하듯 자신을 믿고 주체적으로 살아가는 것, 그것이 중요한 것이다.

구렁텅이에서 De profundis

게오르크 트라클(Georg Trakl, 1887-1914)

한 줄기 검은 비가 내리는 가을걷이 끝난 밭,
쓸쓸히 서있는 갈색 나무 한 그루,
텅 빈 오두막들을 맴돌며 쉭쉭거리는 바람,
이 저녁 서러워라.

작은 마을을 지나면
순진한 고아 소녀가 아직 남은 이삭을 줍는다.
그녀의 눈은 황금빛으로 둥글게 황혼 속에 풀을 뜯고
그녀의 품은 천상의 신랑을 기다린다.

집으로 돌아가는 길에
목동들은 가시덤불 속에서 썩은
달콤한 육체를 보았다.

저 멀리 캄캄한 마을에 나는 그림자일 뿐.
숲속의 샘에서
나는 신의 침묵을 마셨다.

나의 이마를 차가운 금속이 밟는다.
거미 떼가 나의 심장을 더듬어 찾는다.
내 입안에서 꺼지는 한 줄기 빛살.

밤마다 나는 황야에서 나를 발견했다,
주위엔 쓰레기와 별들의 먼지뿐.
개암나무 덤불에서
수정 같은 천사의 노래가 다시 울려왔다.

해설

트라클의 시에서는 색채가 두드러진다. 색조가 갖는 심정적 가치의 추정을 통해 시를 해석할 수 있다. 전체가 검은 죽음과 부패의 그림이다. 제목 "구렁텅이에서"는 구약성경 〈시편〉 제130편의 초반에 나오는 말이다. 여기의 심연은 절망과 슬픔의 깊이를 뜻한다. 시적 화자는 독자를 일그러진 세계의 본모습 쪽으로 안내한다. 이 세계는 위로받을 길 없는 절망의 지경에 이르렀다. 시인은 자신이 바라본 세계를 주관적으로 묘사하고 있다. "한 줄기 검은 비가 내리는" "가을걷이가 끝난 밭"과 "쓸쓸히 서있는" "갈색나무 한 그루"는 사뭇 인상적이다. 그냥 병렬적으로 놓인 이 표현들은 황량한 세계를 암시한다. 이런 피폐한 풍경 속에서 시적 화자는 자신의 속마음을 토로한다. 아 "이 저녁 서러워라". 피폐와 황량의 분위기 속에서 시적 화자는 신에 대한 믿음마저 상실했다. "나는 신의 침묵을 마셨다." 세상에 신이 없다는 깨달음은 시적 화자를 몰락으로 이끈다

검은 물방울 Dunkler Tropfe

크리스티안 모르겐슈테른(Christian Morgenstern, 1871-1914)

오늘 내 잔 속으로 떨어진,
내 생의 잔 속으로 떨어진,
죽음의 검은 물방울—

너 내 맑은 와인을 흐려놓을 셈이냐—
나 너를 지치도록 마셔야 하나—
삶에서 떠나가며, 지치도록, 지치도록?

검은 물방울,
오늘 내 잔 속으로 떨어진,
기쁨의 잔 속으로 떨어진,
죽음의 검은 물방울…

해설

늘 기쁘게 살고 싶은 것이 인간의 소망이자 욕망이다. 그러나 말간 라인 포도주를 한 잔 마시는데 갑자기 웬 걱정이 머리에서 술잔 속으로 떨어진다. 순간 맑았던 술잔이 검은빛으로 흐려진다. 그 검은빛이 걱정에서 끝나지 않고 죽음과 연결되면 더욱 절망적이다. 기쁨의 술을 마시려는데 술잔에 갑자기 죽음의 얼굴이 비친다. 자기 얼굴인데 내 얼굴 같지 않다. 기쁨의 환한 포도주 잔에 어리는 어두운 그림자. 그러나 죽음의 무도를 시작하는 것은 저승사자가 아니라 자기 자신이다. 그러기에 산다는 것은 매 순간 죽음을 함께 마시는 것이다. 술 한 잔을 마실 때도 중세의 '메멘토 모리'(죽음을 생각하라)의 사고는 늘 유효하다. 이 순간을 소중하게 느끼기 위해서!

죽음의 푸가 Todesfuge

파울 첼란(Paul Celan, 1920-1970)

새벽의 검은 우유 우리는 그것을 저녁에 마신다
우리는 그것을 점심에도 아침에도 마시고 우리는 그것을 밤에도 마신다
우리는 마시고 또 마신다
우리는 허공에 무덤을 하나 판다 거기서는 좁지 않게 누울 수 있다
한 남자가 집에 살고 있다 그는 뱀을 가지고 논다 그는 편지를 쓴다
날이 어두워지면 그는 독일로 편지를 쓴다 너의 금발의 마르가레테
그는 그렇게 쓰고서 집 앞으로 나간다 별들이 반짝인다 그는 휘파람을 불어 사냥개들을 부른다
그는 휘파람으로 유대인들을 부르고 그들에게 땅에 무덤을 파게 한다
그는 우리에게 명한다 이제 무도곡을 연주하라

새벽의 검은 우유 우리는 너를 밤에 마신다
우리는 너를 아침에도 점심에도 마신다 우리는 너를 저녁에도 마신다
우리는 마시고 또 마신다
한 남자가 집에 살고 있다 그는 뱀을 가지고 논다 그는 편지를 쓴다

날이 어두워지면 그는 독일로 편지를 쓴다 너의 금발의 마르가레테

너의 잿빛 머리카락의 술람미 우리는 허공에 무덤을 하나 판다 거기서는 좁지 않게 누울 수 있다

그는 소리친다 너희 이쪽 사람들은 땅을 더 깊이 파고 너희 반대편 사람들은 노래하고 연주하라

그는 허리띠의 권총을 움켜쥐고 흔든다 그의 눈동자는 파랗다

너희 이쪽 사람들은 삽을 더 깊이 박고 너희 반대편 사람들은 계속 무도곡을 연주하라

새벽의 검은 우유 우리는 너를 밤에 마신다

우리는 너를 점심에도 아침에도 마신다 우리는 너를 저녁에도 마신다

우리는 마시고 또 마신다

한 남자가 집에 살고 있다 너의 금발의 마르가레테

너의 잿빛 머리카락의 술람미 그는 뱀을 가지고 논다

그는 소리친다 죽음을 더 달콤하게 연주하라 죽음은 독일에서 온 거장

그는 소리친다 바이올린을 더 어둡게 연주하라 그러면 너희는 연기

가 되어 올라간다

그러면 너희는 구름 속에 무덤을 하나 갖는다 거기서는 좁지 않게 누울 수 있다

새벽의 검은 우유 우리는 너를 밤에 마신다

우리는 너를 점심에 마신다 죽음은 독일에서 온 거장

우리는 너를 저녁에 마시고 아침에도 마신다 우리는 마시고 또 마신다

죽음은 독일에서 온 거장 그의 눈은 파랗다

그는 납총알로 너를 맞힌다 그는 너를 정확하게 맞힌다

한 남자가 집에 살고 있다 너의 금발의 마르가레테

그는 사냥개들을 불러 우리를 물라 한다 그는 우리에게 허공에 무덤을 선물한다

그는 뱀을 가지고 놀며 꿈을 꾼다 죽음은 독일에서 온 거장

너의 금발의 마르가레테

너의 잿빛 머리카락의 술람미

해설

제2차 세계대전 중 강제수용소의 유대인 학살을 다룬 시이다. 유대인들이 어떻게 죽어나가는지 푸가 형식의 돌림 노래로 묘사하고 있다. 일정한 내용 특히 우유 마시기가 변주되고 있다. 이 우유는 정상적인 우유가 아니라 검은빛 우유로 죽음을 상징한다. 수용소에서는 마치 무슨 놀이처럼 끊임없이 살인이 저질러지고 있다. 살인 행위의 중심에는 나치가 있다. 여기서는 집에 사는 한 남자이다. 권총을 허리춤에 차고 휘두르며 수용소의 유대인들에게 무덤 파는 노동을 시킨다. 유대인이 유대인의 무덤을 판다. 이들이 고통에서 해방되는 유일한 방법은 죽는 것이다. 연기가 되어 허공으로 올라가면 그곳에서는 좁지 않게 누울 수 있다. 수용소의 비좁은 현실과 대비된다. 우유가 "그것"에서, "너"로 바뀌는 것은, 죽음이 더욱 가까이 오는 것을 상징한다. 또 하나의 상징은 마르가레테와 술람미라는 이름이다. 마르가르테는 괴테의 〈파우스트〉의 주인공 그레트헨의 정식 명칭이고, 술람미는 솔로몬이 사랑했던 여인의 이름이다. 잿빛과 검정이 주를 이룬 이 시에서 금발의 마르가레테는 눈에 띈다. 시인은 수용소 현실의 구체성 없이도 수용소에서 벌어진 끔찍한 일을 성공적으로 묘사하고 있다.

작은 아스타 꽃 Kleine Aster

고트프리트 벤(Gottfried Benn, 1886-1956)

익사한 술배달 장수가 수술대 위로 힘겹게 올려졌다.
누가 그랬는지 그의 이빨 사이에는
짙은 자색의 아스타 꽃이 끼워져 있었다.
피부 속으로
긴 메스를 집어넣어
흉부로부터 시작하여
혀와 구강을 절제할 때
그 꽃을 내가 건드린 모양이다. 그 꽃이
옆에 있던 뇌 쪽으로 미끄러져 떨어졌다.
시체를 꿰매면서 나는 죽은 사람을 위해
가슴에 난 구멍 속
대팻밥 사이에 그 꽃을 넣어주었다.
네 꽃병 속에서 실컷 마시거라!
편안히 쉬거라,
작은 아스타 꽃아!

해설

시에서 그리고 있는 장면이 그로테스크하다. 부검을 위해 익사한 술배달 장수의 몸뚱어리가 수술대에 올려졌다. 시적 화자는 집도의다. 징그럽고 구역질 나는 시체의 모습과 극단적인 대조로 "짙은 자색의 아스타 꽃"이 등장하여 시를 읽는 독자에게 많은 생각을 불러일으킨다. 이 대조는 사물을 보는 시인의 방식과 관련된다. 검시 중에 우연히 발견한 작은 아스타 꽃이 시인이 이 시를 쓰게 된 계기이다. 뚱뚱한 술배달 장수의 몸뚱이는 작은 아스타 꽃을 위한 영양가 있는 꽃병이 된다. "네 꽃병 속에서 실컷 마시거라!" 그러나 무엇보다 인상적인 것은 마지막 구절이다. "편안히 쉬거라, 작은 아스타 꽃아!" 부검이 끝난 후 의사인 시적 화자는 술배달 장수가 아닌 작은 아스타 꽃의 명복을 빌어주고 있다. 죽은 술배달 장수는 오히려 아무것도 아닌 무가치한 존재로 낮추어진다. 원래 심장이 들어있어야 할 가슴에는 대팻밥만 가득 차있다.

6 프랑스 시

내 청춘을 그리워한다 Je plains le temps de ma jeunesse

프랑수아 비용(François Villon, 1431-1463)

XXII

내 청춘을 그리워한다
그동안 나는 그 누구보다도 흥겨운 삶을
노년의 문턱에 들어설 때까지 누려왔다
내 청춘은 내게 모습을 감추고 떠나갔다.
결코 걸어서 간 것도
말 타고 간 것도 아니었다, 아! 어찌 가버렸던가?
느닷없이 날아가 버렸다
내게 어떤 선물도 남겨놓지 않은 채.

XXIII

청춘은 가버렸고 나는 남아있다,
감각도 없고 아는 것도 없다,
슬프고, 낙담하고, 뽕나무 열매보다 더 새까만
나에겐 한 푼도 없고, 들어오는 돈도 없다.
찢어지게 가난한 피붙이들마저, 사실 그렇다,

나를 모른다고 할 정도이다
가족의 의무를 망각한 것이니
별거 아닌 재산도 없기 때문이다.

XXXIX

나는 알고 있다 가난한 놈이든 부자 놈이든,
똑똑한 놈이든 미친놈이든, 성자이든 저속한 놈이든,
귀족 놈이든 천한 놈이든, 관대한 놈이든 인색한 놈이든,
키 작은 놈이든 키 큰 놈이든, 잘생긴 놈이든 못생긴 놈이든,
신분이야 어떻든 옷깃 감싸 말아 올린
드레스를 입고 장신구로 치장하고
머리를 말아 들어 올린 부인네들이든,
죽음은 예외 없이 그들을 붙잡고 만다.

XL

파리스도 헬레네도 죽었다,

죽는 자는 누구든 고통 속에 죽어간다,
숨결도 호흡도 잃은 자의
심장 위로 쓸개가 쏟아지고,
식은땀을 흘리는데 어떤 땀인지는 신만이 알 것이다!
그러니 누가 그의 고통을 위로해 주겠는가?
그에겐 보증인이 되어줄
자식도 형제도 누이도 없기 때문이다.

XLI

죽음은 그를 부들부들 떨게 하고, 창백하게 만들고,
코를 구부러뜨리고, 혈관을 부풀리고,
목을 부어오르게 하고, 살이 물러 터지게 만들고,
관절과 심줄이 늘어나게 하고, 부풀어 오르게 만든다,
지극히 여리고 반들반들하고
부드럽고 참으로 소중한 여인의 육체여,
그대는 이 고통을 겪어야 한단 말인가?
그렇다, 아니면 온전히 살아서 하늘에나 오르시던지.

해설

시인은 자신에게 이별을 고하지 않고 갑작스레 달아난 청춘을 지극히 아쉬워하지만, 현실은 아무것도 그에게 남겨주지 않았다. 동전 한 푼 없고, 자신을 위로해 줄 피붙이마저도 없다. 죽음의 증인이 되어줄 이도 없다. 지나가 버린 청춘이라는 과거와 다가오는 죽음이라는 미래 사이에 끼어있는 그의 어조는 노골적이다. 이것은 인간의 삶이 죽음을 비껴갈 수 없다는 분노에 기인한다. 그런 분노가 죽어가는 자의 모습을 사실적으로 묘사하게 만들었다. 온갖 부류의 인간과 위대한 신화적 인물들마저도 죽음을 비껴갈 수 없다는 발언에서 죽음에 대한 비장한 심정도 느낄 수 있다. 그러나 그에게는 죽음에 맞서는 하나의 방안이 있다. 솔직하고 사실적일 뿐만 아니라 조롱적인 발언을 인간 모두의 운명에 관한 철학적 사고로 확장하면서 그는 죽음을 정면으로 대면한다. 쉽고 친근한 표현과 대화체 방식은 그가 살아있는 자들과 여전히 교류를 원하고 있다는 방증이기도 하다.

헤카테처럼 그대는 산 채로 죽은 채로

Comme Hecaté tu me feras errer

모리스 세브(Maurice Scève, 1501-1564)

헤카테처럼 그대는 산 채로 죽은 채로
나를 '어둠' 속에서 백 년씩이나 헤매게 할 것이다,
'하늘'에서 인간들의 비참 안으로 내려온
그대는 디아나처럼 나를 가둬버릴 것이다,
지옥의 어둠을 지배했던 것처럼,
그대는 내 고통을 줄이거나 늘려갈 것이다.
허나 내 혈관 속으로 스며든 '달'처럼,
그대는 델리였고, 델리이며, 델리일 것이다,
'사랑'이 그대를 내 헛된 생각과 엮이게 만들었다,
'죽음'이 아무리 힘이 센들 이 매듭을 풀지는 못하리라.

해설

시인은 죽음의 공간을 지배하는 여신 헤카테에 비유된 델리라는 여인이 자신에게 가한 불행한 운명을 정의하려고 시도한다. 여인에 대한 욕망으로 인해 그는 지옥을 떠돈다. 감옥에 갇히기도 한다. 그의 모든 것을 그녀가 지배한다. 고통을 벗어날 가능성이 없다. 그렇지만 여인을 달의 여신 셀레네로도 간주하는 그는 여인과 영원히 맺어지게 될 것을 기대하고 또한 확신한다. 죽음이 여인과 자신을 엮은 매듭을 끊지 못하리라 예고한다. 이것은 여인으로 인해 초래된 모든 고통을 받아들일 것이라는 행복하지만 동시에 불행한 약속이기도 하다. 자신의 고통이 '어둠'의 형벌과 다르지 않을지라도, 과거와 현재 그리고 미래를 동시에 간직한 델리와 맺어져 있기를 그는 욕망한다. 그래야만 그는 델리처럼 시간을 벗어날 수 있다.

오월, 가지 위에 핀 장미를 바라본다

Comme on voit sur la branche au mois de Mai la rose

피에르 드 롱사르(Pierre de Ronsard, 1524-1585)

오월, 가지 위에 핀 장미를 바라본다,
먼동이 틀 무렵 '새벽'이 눈물로 적시우면,
아름다운 젊음의 첫 번째 꽃을 피워
생생한 색채로 하늘의 시샘을 자아낸다,

정원과 숲에 온 향기를 뿌리면서,
우아함이 꽃잎에 자리하고, 사랑이 쉬고 있다,
허나 빗방울에, 뜨거운 열기에, 시달려,
초췌해져 한 잎 한 잎 떨구며 죽어갔다,

그렇게 지상과 천상이 갓 피어난
지극히 신선했던 그대를 찬양할 때,
파르카이가 목숨 앗아갔고, 재가 되어 쉬고 있다.

추모의 봉헌으로 거두어라, 내 비탄과 내 눈물을,
우유 가득한 이 항아리를, 꽃들로 가득한 이 바구니를,
살아있든 죽어있든 네 육신은 장미로만 남게 될 것이므로.

해설

젊은 시절에 죽음을 맞이한 아름다움의 드라마를 다룬 작품이다. 장미와 여인 사이의 아날로지가 강조된다. 7행의 역접사 "허나"는 젊은 죽음의 고통을 암시하고, 11행의 파르카이는 죽음의 강렬한 순간을 환기한다. 그러나 죽음의 비극 앞에서 시인이 흘리는 눈물은 새벽의 눈물과 조응하고, 장례의 꽃은 젊음의 꽃과 상응한다. 죽어버린 모든 것을 다시 되살리는 자연의 반복적 운동성이 환기된다. 그리하여 고대 그리스 장례의식에서 사용되었던 "우유"는 영원한 장미로만 남게 될 순수한 젊음의 상징이 된다. 여인의 죽음에서 고통과 번민을 노래하기보다는 영원히 피어있을 생명을 시인은 찬양한다. 죽은 여인에게 바치는 최고의 조사이다.

담대한 젊은이 이카로스가 이곳에 추락하고 말았다

Icare est cheut icy le jeune audacieux

필리프 데포르트(Philippe Desportes, 1546-1606)

담대한 젊은이 이카로스가 이곳에 추락하고 말았다,
하늘로 날아오르려는 용기는 충분했지만,
날개 잃은 그의 몸은 이곳에 떨어지고 말았다,
용맹했던 마음들은 그의 추락을 부러워했다.

피해는 작았지만 얻은 것이 많은
오, 영광스런 정신의 행복했던 행위여!
으스대던 시간을 패배자로 만들어버린
참으로 성공을 거둔, 오, 행복한 불행이여!

아주 새로운 길이 이 청춘에겐 놀랍지 않았으나,
힘이 부족했을 뿐 담대함이 모자라지는 않았으니,
별들 중에 가장 멋진 별에 의해 불타고 말았다.

높은 모험을 추구하다가 그는 죽고 말았다,
하늘이 그의 욕망이었고, 바다가 그의 묘지였다,
이토록 멋진 시도, 이보다 더 화려한 무덤이 또 있겠는가?

해설

이카로스에 대한 추모의 성격을 지니지만 동시에 그의 업적을 칭송하는 찬양시의 양상을 띤 작품이다. 천상을 향해 날아오른 이카로스는 프로메테우스의 도전에 비견되는 절대를 향한 무모한 시도의 상징으로 고려된다. 태양에 의해 불태워져 지상으로 추락한 이카로스는 패배자이지만, 그의 패배는 수많은 담대한 마음을 지닌 자들에게는 부러움의 대상이 된다. 높은 곳을 모험의 대상으로 삼은 이카로스의 담대한 모험을 뒤따를 수많은 자들이 뒤에 남았다. 높은 곳을 향했기에 행복한 모험이었지만, 바다로 떨어지는 불행을 겪었던 이카로스의 시도는 영원한 기억이라는 행복을 누린다. 그의 바다는 의미로 가득 찬 무덤이 되었고, 높은 곳에 대한 그의 시도는 영원한 기억을 영광으로 얻었다.

죽음의 신과 나무꾼 La Mort et le bûcheron

장 드 라퐁텐(Jean de La Fontaine, 1621-1695)

나뭇가지를 온통 짊어진 가난한 나무꾼이
세월만큼이나 무거운 나뭇짐에
허리 굽혀 끙끙거리며, 무거운 발걸음으로 걸어가며
까맣게 그을린 초가집으로 돌아가려 애쓰고 있었다.
결국엔 쑤시는 근육통과 고통 때문에 기진맥진하여
나뭇짐을 내려놓고, 자기 불행에 대해 생각한다.
세상에 태어난 후 기쁨을 누린 적이 있단 말인가?
이 둥근 세상에서 나보다 더 가난한 자가 있단 말인가?
때로는 빵 한 조각도, 전혀 쉬지도 못한다,
마누라도, 애새끼들도, 군인 놈들, 세금도
빚 청구인들과 부역은
그를 불행한 자의 완벽한 초상으로 만들었다.
그는 '죽음'을 불렀다. 그랬더니 '죽음'이 지체 없이 달려와서
무엇을 원하는지 그에게 물었다.
그가 말하길 "이 나무를 다시 지는 것을
도와주시구려. 오래 걸리지 않을 것이외다."
죽음은 모든 것을 치료해 주러 온다,
그러나 우리가 있는 곳에서 한 발짝도 움직이지 말자.

죽는 것보다는 고통을 견디는 것,

그것이 바로 인간의 좌우명이다.

해설

나무꾼은 지상의 삶을 악 그 자체로 간주한다. 그는 헐벗은 이곳에서의 고된 삶을 벗어나기 위해 '죽음'을 부른다. 그러나 막상 '죽음'이 도래하자 설명할 수 없는 공포를 느끼며 피하려고 한다. 나무꾼은 어리석다. 그는 고통을 벗어나는 자유를 얻으려 하지만, 그 자유가 이미 자신에게 주어져 있다는 것을 깨닫지 못한다. 심지어는 '죽음'에게 변명마저 할 수 있는 자유가 그에게 있다. 시인의 시선에 지상의 악은 인간이 어쩔 수 없이 안고 가야 하는 숙명이지만, 그렇다고 해서 그는 꿈꾸는 이상이 죽음 너머에 있다고 보지는 않는다. 오히려 이상은 현실의 고통 안에 숨어있다. 지상의 삶은 악으로 가득하지만, 나무꾼이 집으로 돌아가서 안식을 얻으려 했던 것처럼, 현실은 삶에 대한 위안을 품고 있기도 하다. 다만 그것이 눈에 보이지 않을 뿐이다. 조롱과 씁쓸함이 뒤섞인 사실적 어조를 통해 시인은 인간의 어리석은 본성과 지상에 숨겨진 가치에 대해 들려준다.

타란토의 처녀 La Jeune Tarentine

앙드레 셰니에(André Chénier, 1762-1794)

울어라, 감미로운 물총새여! 오 그대, 신성한 새여,
테티스의 소중한 새여, 감미로운 물총새여, 울어라!

그녀는 살아있었다, 미르토, 타란토의 처녀는 !
배 한 척이 그녀를 카마리나 해변으로 옮기고 있었다.
그곳에서는 결혼행렬이, 노래가, 플루트가 천천히
그녀를 연인의 발치로 바래다주게 되어있었다.
세심한 열쇠가 이 날을 위해
삼나무 상자 안에 그녀의 예복과
축제에서 그녀의 팔을 장식할 황금을 담아놓고 있었다.
그리고 그녀의 황금 머리칼을 위한 향기가 준비되고 있었다.
하지만 뱃머리에 홀로 서서, 별에게 기도하는 그녀를,
돛을 한껏 부풀려 놓은 격렬한 바람이
감싸고 있다. 놀라고, 수병에게서 멀어져 버린
그녀가 소리친다, 그녀가 떨어진다, 파도에 휩싸여 있다.

그녀, 타란토의 처녀는 파도에 휩싸여 있다!
그녀의 아름다운 몸은 대양의 파도에 쓸려가 버렸다.

테티스는, 눈물을 머금고, 바위 틈새 속에
탐욕스런 괴물을 피해 그녀의 몸을 숨겨두었다.
그의 명에 따라 재빨리 아름다운 네레이드들이
그녀를 저 습한 자리에서 들어 올려
강변으로 옮겨놓는다, 그리고 이 기념물 안에
서풍이 부는 쪽으로 그녀를 살며시 내려놓는다.
저 멀리서, 네레이드 벗들을 부르는 커다란 외침에,
숲과 샘과 산의 님프들,
모두가, 가슴을 치며, 기나긴 슬픔을 끌고 다니며,
아! 그녀의 관 주위에서 이렇게 되풀이한다.

"오! 연인의 집으로 너는 결코 가지 못했구나.
결혼 드레스도 전혀 입어보지 못했구나.
황금 매듭이 네 팔을 전혀 감싸지도 못했구나.
네 머리칼의 은은한 향기가 조금도 흘러나오지 못했구나."

해설

결혼을 앞두고 죽음을 맞이하게 된 젊은 여인의 비극을 다룬 작품이다. 우아함과 멜랑콜리, 진지함과 비장함이 뒤섞여 있다. 작품 전반부는 안정적인 리듬을 통해 결혼의 신성함과 소중함을 암시하지만, 후반부는 전혀 예기치 않았던 비극의 도래를 파편화된 리듬에 실어 표현한다. 여인의 죽음은 안타까움을 자아낸다. 거역할 수 없는 죽음 앞에서 무기력할 수밖에 없는 인간의 운명이 암시된다. 그렇지만 시인은 젊음의 죽음에 구슬픔만을 부여하지 않으려고 시도한다. 신화의 인물들을 인간의 죽음에 개입하게 만들면서 여인의 죽음이 공포를 불러일으키지 않도록 배려한다. 여인을 추모하기 위해서이다. 약속된 완성을 누리지 못한 여인의 죽음에 안타까워하면서도 절망하지 않는 그의 태도는 지극히 고통스럽다.

내일, 새벽, 들판이 하얗게 될 시간이 되면

Demain, dès l'aube, à l'heure où blanchit la campagne

빅토르 위고(Victor Hugo, 1802-1885)

내일, 새벽, 들판이 하얗게 될 시간이 되면,
난 떠나리라. 그렇다, 난 알고 있다, 네가 기다리고 있음을.
나는 가련다, 숲을 지나, 산을 넘어,
더 이상 너와 멀리 떨어져 있을 수 없다.

나는 걸어가련다, 생각에 골똘히 시선을 멈춘 채,
결코 밖을 보지 않고, 어떤 소리도 듣지 않은 채,
혼자서, 아무도 모르게, 등을 굽힌 채, 뒷짐을 진 채,
쓸쓸하게, 그러면 낮은 내겐 밤과 같으리라.

나는 바라보지 않으리라, 기울어가는 석양의 황금빛도,
멀리 아르플뢰르로 내려가는 돛단배들도,
그리하여 내 닿거든, 네 무덤 위에 놓으리라,
푸른 호랑가시나무와 꽃 피운 히드 한 다발을.

해설

위고의 딸 레오폴딘은 1843년 2월에 결혼을 했지만 그해 9월 익사했다. 위고는 딸의 죽음을 해외에서 뒤늦게 알 수 있었다. 같은 해 9월 10일 자 편지에서 그는 “내 삶과 내 심장의 절반을 잃었다. 오, 신이시여, 내가 당신께 대체 어쨌단 말입니까? 당신은 지상에 낙원이 있기를 바라지 않으셨단 말입니까? 그대는 낙원을 빼앗아 갔소. 오! 내 가련한 천사여, 너를 다신 보지 못하겠구나”라고 비통한 심정을 밝혀야만 했다. 그러나 그는 딸의 무덤을 1846년이 되어서야 찾아갈 수 있었으며, 이 작품은 1847년 9월 딸이 사망한 지 사 년이 지난 후에 작성되었다. 여기에서는 사랑하는 딸의 죽음을 위로하고 자신을 자책하기 위해 순례를 결심한 시인의 모습이 제시된다. 극도의 고통을 겪고 있는 시인의 억양은 소박하면서도 비장하다. 위고는 작품에 제목을 부여할 수 없었다. 고통을 말로 설명할 수 없었기 때문일 것이다.

가난한 자들의 죽음 La Mort des pauvres

샤를 보들레르(Charles Baudelaire, 1821-1867)

'죽음', 그것은 우리를 위로하고, 아! 살게 해준다,
그것은 삶의 목적, 게다가 그것은 유일한 희망이다,
묘약(妙藥)처럼, 우리를 들어 올려 우리를 도취시키고,
우리에게 저녁까지 걸어갈 용기를 준다.

폭풍우와 눈 그리고 서리를 가로질러
그것은 우리의 어두운 지평선에서 깜빡이는 광채이다,
그것은 책에 적혀있는 이름난 주막이니,
그곳에서 우리는 먹고, 자고, 앉을 수 있으리라.

그것은 '천사'이니, 자력 띤 손가락 사이에
잠과 황홀한 꿈의 선물을 움켜쥐고,
가난하고 헐벗은 자들의 잠자리를 다시 마련해 준다.

그것은 '신들'의 영광, 그것은 신비의 곳간이다,
그것은 가난한 자의 돈주머니이고 고대의 조국이다,
그것은 미지의 '하늘'로 펼쳐진 회랑이다!

해설

소네트 14행 전체에 걸쳐 시인은 "그것은(C'est)"이라는 표현을 9번이나 반복한다. 일반적으로 정의하기 불가능하다고 여겨지는 죽음을 자신의 사고영역 안에서 파악하려는 강한 의도가 그에게 있다. 가난은 피해야 할 대상이 아니라 오히려 삶의 등불로 간주되어야 하며, 죽음을 찾을 것이 아니라 그것을 지금을 살아가기 위한 동력으로 삼으라고 그는 권고한다. 만약 죽음을 위안으로 삼아야 한다면 그것은 내세가 아니라 현재의 불행을 극복하기 위해서라고 조언한다. 죽음에 대한 공포는 작품 안에서 완화된다. 그것은 이곳에서의 삶과 욕망을 더욱 강화하는 기제로 기능한다. 시인은 가난의 비극적 상황을 일깨우지만 가난한 자들을 절망시키지 않는다. 그들에게 죽음이 구원이라고 말하지도 않는다. 오히려 죽음이 고통의 삶을 견디게 만드는 "묘약"과 같다고 말하면서 죽음으로 이곳의 삶을 살아갈 것을 요구한다. 시인은 가난한 자들에 대한 쓰라린 연민과 그들의 비참을 동시에 다루고, 죽음을 현실을 살아가게 만드는 위안으로 여기지만, 죽음 이후의 평온을 노래하지는 않는다. 죽음을 위안의 주체로 보지 않는 아이러니 가득한 시선을 엿볼 수 있다.

사후의 회한 Remords posthumes

샤를 보들레르(Charles Baudelaire, 1821-1867)

검은 미녀여, 새까만 대리석으로 지어진
기념물 저 깊은 곳에 네가 잠이 들 때,
네가 가진 침실과 집이 비에 젖은
땅속과 움푹 파인 구덩이일 뿐일 때,

돌덩이가 겁 많은 네 가슴과
매력적인 나태에 유들유들해진 네 옆구리 짓누를 때,
네 심장이 뛰지도 욕망하지도,
네 발이 무모한 길을 달려가지 못하게 할 때,

내 무한한 꿈에 귀 기울일 무덤은
(무덤은 언제나 시인을 이해할 것이므로)
잠이 추방당한 이 길고 긴 밤새 내내

네게 말하리라, "불충실한 유녀(遊女)여, 망자들이 눈물
흘리는 까닭을 너는 알지 못했으니 이제 무슨 소용 있겠는가?"
—그리고 구더기는 네 살을 회한처럼 갉아먹을 것이다.

해설

《악의 꽃》의 '우울과 이상'에 수록된 작품이다. 보들레르가 "검은 미녀"라고 불렀던 여인 잔 뒤발에게 바쳐졌다. 전통적인 '카르페 디엠'의 토포스를 거부하는 보들레르는 미래형 동사를 반복하면서 사랑에 충실하지 않으면 죽음을 피할 수 없다는 비관적 어조를 들려준다. 또한 의인화된 무덤을 등장시켜 직접화법으로 말을 걸게 만들면서 불안하면서도 환상적인 죽음 이후의 공간을 환기한다. 보들레르와 무덤이 서로 소통할 수 있는 것은 그가 저주받은 시인이기 때문이다. 세상으로부터 버림받은 그에게 죽음은 "무한한 꿈"이지만, "유녀"가 피하지 못할 죽음은 회한으로 넘쳐난다. 시인의 사랑을 거부한 여인은 육체가 분해되는 흉측한 죽음을 맞이하게 되리라는 예언을 담고 있다. "구더기"를 의미하는 프랑스어 "ver"는 '시'를 뜻하는 'vers'와 동음이의어이다.

폐적자(廢嫡者) El Desdichado

제라르 드 네르발(Gérard de Nerval, 1808-1855)

나는 '어둠의 사나이', — '홀아비', — '위로받지 못한 자',
허물어진 '탑'에 사는 아키텐의 군주.
내 단 하나의 '별'은 죽었다, — 그리고 별을 아로새긴 내 루트는
'우수(憂愁)'의 검은 '태양'을 지니고 있다.

'무덤'의 어둠 속에서 나를 위로했던 '그대'여,
내게 돌려 달라, 포실리포를 그리고 이탈리아의 대양을,
비탄에 빠진 내 가슴이 참으로 좋아했던 저 꽃을,
'포도나무'와 '장미'가 뒤엉킨 저 덩굴을.

나는 큐피드인가 페뷔스인가?. 뤼지냥인가 비롱인가?
내 이마는 아직도 '여왕'의 입맞춤에 불그스레하고,
세이레네스가 헤엄치는 '동굴' 안에서 꿈을 꾸었는데…

허나 나는 아케론을 두 번이나 가로지른 승리자였다,
'성녀'의 탄식과 '요정'의 외침을
오르페우스의 리라로 번갈아 켜곤 했단 말이다.

해설

《환상시집》에 수록된 기괴한 의미들로 가득하여 수많은 해석이 가능한 작품이다. "어둠의 사나이"는 사랑하는 여인을 잃고 위로받지 못한 채 "허물어진 탑"에 사는 좌절한 시인이다. 예전에 그에게 영감을 주었던 것은 "내 단 하나의 별"이었던 사랑하는 여인이었지만, 그녀가 죽은 후에 그의 영감은 "우수"의 "검은 태양"으로부터만 오게 된다. 죽음의 별이고 어둠의 별이다. 자신의 고독을 숨기지 않는 그는 여인만이 과거의 행복을 되돌려줄 수 있다고 여기지만, 그녀는 "무덤의 어둠" 속으로 들어가 버렸고, 그는 여전히 위로받지 못하고 있다. 과거를 현재로 되돌려 놓지 않는 '흘러가는 시간'에 절망한 그는 과거의 행복을 유산으로 받지 못했다. 자신이 사랑의 신인지, 태양의 신인지, 멜뤼진의 영웅 뤼지냥인지, 국왕의 연인 비롱인지 알지도 못한다. 사랑을 잃은 자신이 누구인지, 시인인 자신이 누구인지 알기 위해 고통스런 시도를 감행하는 그는 자신을 지옥에 두 번씩이나 다녀온 새로운 오르페우스라고 외친다. 시인으로서의 자기능력을 신뢰하려고 시도하지만, 그의 시는 여전히 비통함의 공간으로 남아있을 뿐이다. 일관되지 못한 그의 운명과 발언에서 낭만주의를 특징짓는 서정적 자아의 출현을 목도할 수 있다.

골짜기에 잠든 자 Le dormeur du val

아르튀르 랭보(Arthur Rimbaud, 1854-1891)

초록빛 구멍, 그곳에서 강물은 노래한다
은빛 누더기 풀잎에 미친 듯이
걸쳐대고, 의기양양한 산에서 햇볕이 내리쪼이는
거기, 햇빛이 부글대는 작은 골짜기.

젊은 군인, 입 벌리고, 모자도 없이,
서늘한 파란 물 냉이에 목을 담그고,
자고 있다. 풀 위에 누워있다, 구름 아래에서,
창백하게, 빛이 쏟아지는 녹색 침대 위에서.

발을 창포에 담그고 자고 있다. 미소 지으며,
병든 아이 미소 짓듯, 한잠을 자고 있다,
자연이여, 포근히 그를 껴안으라, 그는 춥다.

온갖 향기에 콧구멍이 떨리지 않으니,
햇빛 속에서 잠자고 있다, 가슴에 손을 얹고
평온하게. 오른쪽 옆구리엔 붉은 구멍 두 개.

해설

언뜻 보면 작품 전체에 자연의 생명력과 화려함을 흩뿌리면서 기존의 자연에 관한 관점을 수용하고, 자연과 인간 사이의 조화를 시인이 소개하는 것처럼 보인다. 그러나 죽음의 이미지 역시 작품 곳곳에 뿌려져 있다. 1행의 "구멍"과 14행의 "구멍"은 성격이 상반되며, 편안한 상태를 환기하는 7행의 "자고 있다"는 자연이 죽음의 침대 역할을 맡고 있다는 것을 드러낸다. 1870년 보불전쟁에서 죽음을 맞이한 병사의 모습을 위해 시인은 화려한 자연 안에 죽음의 모습을 박아놓는다. 객관적이고 몰개성화된 자연은 죽음을 껴안지 않는다. 자연의 위로를 받은 죽음의 단서를 시에서 찾을 수 없다. 시인은 어떤 감정의 이입도 없는 객관성을 견지하면서도 죽음의 비극성을 강조하는 주관성을 드러낸다. 자연이라는 배경과 친화되지 않은 죽음의 비극성을 노래하는 그는 생경한 언어에 의지하여 새로운 이미지를 창조한다. 언어의 일상성을 탈피하고 자아를 철저하게 배격하는 랭보에게는 언어의 연금술사로서의 면모가 있다.

순결하고, 강인하고, 아름다운 자는 오늘

Le vierge, le vivace et le bel aujourd'hui

스테판 말라르메(Stéphane Mallarmé, 1842-1898)

순결하고, 강인하고, 아름다운 자는 오늘
달아난 적 없던 비상(飛上)의 투명한 빙하가
서리를 맞으며 드나드는 저 잊혀진 단단한 호수를
취한 날갯짓 한 번으로 우리를 뒤흔들어 놓을 것인가!

지난날의 백조는 회상한다, 모습은 장대하나
불모의 겨울이 만든 권태가 찬란히 빛났을 때
살아갈 영역을 노래하지 않았기에
희망을 잃고 스스로 내려놓아야 했던 자신을.

공간을 부인하는 새에게 공간이 과한
저 하얀 단말마를 길게 늘어진 목은 흔들어 대겠지만,
어쩌지 못하리라 날개깃이 사로잡힌 이 땅의 공포만은.

자신의 순수한 광채가 이곳에 부여한 환영,
그것은 무익한 유형(流刑)을 살아가는 '백조'가 걸쳐 입은
경멸의 차디찬 꿈 안에서 꼼짝없이 붙박여 있다.

해설

"순결하고, 강인하고, 아름다운" 백조는 빙하에 갇혀있다. 어떤 결실도 맺지 못할 공간, 처절한 실패를 경험하게 될 뿐인 빙하 안에 갇힌 백조는 죽음과 같은 무익한 유형의 삶을 살아갈 수밖에 없다. 날아오르지 못하는 백조는 다른 이들의 조롱을 받을 것이고, 비상하지 못하는 자신을 스스로 조롱할 수밖에 없다. 그렇지만 하얀 백조는 하얀 불모의 빙하 안에 투명한 공간에 대한 순수한 의지를 붙박아 놓는다. 프랑스어로 'cygne'로 표기되는 백조는 갇혀있는 공간인 빙하와 날아서 도달해야 할 공간 사이의 극단적 대립사이에 끼어있지만, 이 두 극단은 모두 흰색이다. 백조 역시 흰색을 지니고 있다는 점에서 소문자 'cygne'는 대문자 'Signe', 즉 유일한 '기호'가 된다. 빙하에 갇혀버린 백조에게는 말이 지닐 수 있는 수많은 의미와 기표들이 모두 내재되어 있다. 그것은 어떤 "순결하고, 강인하고, 아름다운" 이상이 된다. 죽음의 공간인 빙하에 갇혀버린 백조는 노래하고 도달해야 할 바로 그곳을 스스로 담아낸다. 모든 것을 공허함, 즉 비어있음으로 변화시키는 죽음은 완성, 즉 절대적 순수함의 다른 이름이기도 하다.

낙엽 Les feuilles mortes

레미 드 구르몽(Rémy de Gourmont, 1858-1915)

시몬, 숲으로 가자, 잎들이 떨어졌다,
이끼와 돌과 오솔길을 낙엽이 뒤덮고 있다.

시몬, 너는 좋으냐? 낙엽 밟는 소리가.

낙엽 빛깔은 은은하고 그 소리 참으로 나직하다,
땅 위에 떨어져 버린 가녀린 잔해이다!

시몬, 너는 좋으냐? 낙엽 밟는 소리가.

해 질 녘의 낙엽 모습은 참으로 구슬프니,
바람에 흔들리면 아주 가녀리게 울부짖는다!

시몬, 너는 좋으냐? 낙엽 밟는 소리가.

발에 밟힐 때면 낙엽은 영혼처럼 흐느끼고,
날개 소리 아니 여인의 옷자락 소리를 낸다.

시몬, 너는 좋으냐? 낙엽 밟는 소리가.

오라, 언젠가는 우리도 가련한 낙엽이 되리라.
오라, 이미 날은 저물고 바람이 우리를 실어간다.

시몬, 너는 좋으냐? 낙엽 밟는 소리가.

해설

"숲으로 가자"라는 권고는 친근감을 전제할 때 가능하지만, 이동한 곳에서 확인하게 되는 것은 이끼와 돌과 길을 덮어버린 나뭇잎들뿐이다. 사라져 버린 길에 대해 불안한 마음을 가지지 않을 수 없다. 인간은 지극히 아름답고 숭고한 존재이고 사랑 역시 그러하지만, 바닥에 떨어진 잎들처럼 죽음을 맞이하게 될 것이라는 불안이 시를 가득 채운다. 사랑이 사라진 곳에는 소리가 없다. 죽음 같은 침묵만이 그곳을 지배한다. 그러나 시인에게 두려움만 있는 것은 아니다. 낙엽과 같은 삶을 살게 될 사랑을 확인할 수 있었다. 알 수 없었던 염려는 두려움의 대상이었지만, 그것을 확인하는 순간 불안은 사라진다. 오히려 시인은 여성의 목소리를 닮은 제 목소리로 사랑하는 이에게 낙엽의 모습들을 바라보고, 낙엽 밟는 소리에 귀를 기울일 것을 권고한다. 반복되는 후렴의 의문문이 환기하듯이, 모든 것이 사라지더라도 어떤 형태로든 친근한 목소리를 내는 것이 가능하다는 것을 알고 있기 때문이다.

죽음 사랑 삶 La mort l'amour la vie

폴 엘뤼아르(Paul Eluard, 1895-1952)

접촉도 없고 메아리도 없는 완전히 발가벗은 내 슬픔으로
저 광대함의 심연을 깨뜨릴 수 있으리라 여겼다
죽는 법을 알고 있던 현명한 망자처럼
아무도 손대지 않은 문이 달린 내 감옥 안에 누워있었다
자신의 허무로만 만들어진 관을 쓴 망자처럼
나는 부조리한 파도 위에 누워있었다
잿더미가 되어버린 사랑으로 독을 빨아들인
나에게 고독은 피보다 더 생생하게 여겨졌다

나는 삶을 쪼개버리고 싶었다
죽음과 함께 죽음을 나눠 갖고 싶었다
허공에 내 마음을 삶에 허공을 돌려주고 싶었다
유리창도 수증기도 아무것도 없도록 모두 지우고 싶었다
앞에도 뒤에도 아무것도 없도록 그 어떤 것도 없도록
모아진 두 손 안의 얼음을 없애기도 했다
폐기되어질 삶에 대한 소망으로
차가운 겨울의 뼈대를 없애기도 했다.

*

네가 오자 그제야 불이 다시 살아났다
어둠이 물러났고 이곳의 추위는 별이 되어 총총했다
대지는 너의 투명한 살로 다시 뒤덮였고
가벼워지는 나를 느꼈다
네가 오자 고독은 패배했다
나는 지상의 안내자를 갖게 되었다
터무니없다고 알고 있던 길을 향해 나아갈 수 있었다
앞으로 나아갔고 공간과 시간을 얻게 되었다

나는 너를 향해 나아갔고 빛을 향해 끝없이 나아갔다
삶은 육체를 갖게 되었고 희망은 돛을 활짝 펼쳤다
잠은 꿈으로 넘쳐흘렀고 밤은
새벽에게 신뢰 어린 시선을 약속했다
네 두 팔의 빛살은 안개를 갈라놓았다
네 입술은 첫 이슬방울로 축축해졌다
눈부신 평온이 피곤을 몰아냈고

나는 생의 첫 나날들처럼 사랑을 경배했다.

*

밭은 경작되었고 공장에는 불이 켜졌다
밀알은 거대한 출렁임 안에 둥지를 틀었다
추수와 포도수확에는 무수한 증인들이 생겼다
그 무엇도 하나이지 않고 홀로 있지 않다
바다는 하늘이나 밤의 두 눈 안에 놓여있다
숲은 나무들에게 안전을 보장하고
집들의 벽은 같은 살갗을 지니고 있고
길들은 언제나 서로 만난다

사람들은 서로의 말을 들으려고
서로 이해하고 서로 사랑하도록 태어난다
사람들의 아버지가 될 아이들을 갖는다
불도 없고 장소도 없는 아이들을 갖는다
이들이 사람들을 그리고 자연과

그들의 조국을 다시 만들어낼 것이다

모든 사람의 조국을

모든 시간의 조국을.

해설

사랑하는 여인의 죽음에서 받은 충격과 죽음에 대한 욕망, 다른 여인을 만나게 되는 행복 그리고 연대(連帶)의 기쁨으로 가득 찰 미래에 대한 전망을 다룬 작품이다. 여인의 갑작스런 죽음은 시인을 얼빠지게 만들었고 거대한 절망과 고독에 떨어뜨렸다. 더 이상 고통 받지 않기 위해 그는 죽음을 생각한다. 그러나 그는 빛으로 가득한 또 다른 여인을 만난다. 그녀는 그에게 평온과 균형을 준다. 그녀는 그의 안내자이다. 불은 다시 살아나고 열기가 다시 퍼져나간다. 지상의 추위는 창공의 별이 된다. 그녀는 순수한 아이, 순결한 자연과 같다. 그녀로 인해 삶에 대한 욕망이 구체성을 띠게 된다. 개인에게서 전체로 생명에 대한 욕망이 확장한다. 죽음이 꺼뜨린 불을 다시 살려놓는 사랑은 생명들이 서로 만나도록 재촉하고 허용한다. 인간을 섬으로 만드는 부조리한 죽음은 사람들을 연결하는 사랑에 패배했다.

바르바라 Barbara

자크 프레베르(Jacques Prévert, 1900-1977)

기억하라 바르바라
그날 브레스트에는 끝없이 비가 내리고 있었다
너는 웃음 지으며
활짝 피고 유열에 가득 차
빗속을 걷고 있었다
기억하라 바르바라
브레스트에는 끝없이 비가 내리고
나는 너를 시암 가에서 마주쳤다
너는 웃고 있었다
나도 같이 웃었다
기억하라 바르바라
내가 알지 못했던 너는
나를 알지 못했지만
기억하라
그날을 그러나 기억하라
잊지 마라
어느 집 처마 밑에서 비를 피하던 한 남자를
그는 너의 이름을 불렀다

바르바라

그래 너는 빗속으로 그에게 달려갔다

비에 젖어 유열에 차고 활짝 피어

그래 너는 그의 품에 안기었다

기억하라 바르바라

내가 너에게 말을 놓는다고

서운해 말아라

나는 내가 사랑하는 모든 이들을

너라고 부른다

내가 그들을 오직 한 번 보았다 해도

나는 서로 사랑하는 모든 애인들을

너라고 부른다

내가 비록 그들을 알지 못한다 해도

기억하라 바르바라

잊지 마라

그 얌전하고 행복했던 비를

너의 행복한 얼굴 위에,

행복한 그 도시 위에 내리던 비를

바다 위에

해군 기지 위에

우에상의 배 위에 내리던 비를

오 바르바라

전쟁은 얼마나 바보짓이냐

무쇠의 이 빗줄기 속에서

피의 강철의 불비 속에서

너는 이제 어찌되었느냐

두 팔로 너를 사랑스레 가슴에 껴안던

그 사람은

그는 죽었느냐 사라졌느냐 아직 살아있느냐

오 바르바라

브레스트에는 끝없이 비가 내린다

예전처럼 비가 내린다

하지만 모든 것이 무너져 버린 지금

내리는 이 비는 무섭도록 황량한 죽음의 비

쇠의 강철의 피의

뇌우도 지나간 지금

그저 구름들만이

굶주린 개처럼 뻥 뚫려있을 뿐

사라져 가는 개들

브레스트 위로 내리는 물줄기 따라

멀리 흘러가 썩으리라

멀리 브레스트에서 아주 멀리

아무것도 남지 않게 되리라.

해설

이 시의 무대인 브레스트는 브르타뉴 지방 서쪽 끝에 있는 대서양 연안의 항구도시이다. 제2차 세계대전 발발 직후 독일 해군기지가 되어 연합군의 폭격이 그치지 않았던 곳이다. 시인은 브레스트 거리에서 마주쳤던 낯선 여인을 회상하지만, 그것은 아름다운 낭만적 추억에 해당하지 않는다. 거리에서 마주친 한 여인에 대한 애틋한 감정을 노래하는 그는 전쟁의 참화가 만든 공간을 바라보며 그녀를 품에 안았던 예전의 사내가 여전히 살아있는지 묻는다. "아무것도 남지 않게" 될 이곳에서 아름다웠던 그 순간을 기억할 것을 역시 살았는지 죽었는지 알지 못할 여인에게 요구한다. "멀리 흘러가" 썩게 될 죽음의 비극 속에서 아름다웠던 사랑의 기억을 어찌하든 연장하려는 간절함이 시인에게 남아있다.

7 스페인 — 중남미 시

좋은 사랑의 이야기 Libro de Buen Amor

이타의 수석사제 후안 루이스(Juan Ruiz, Archipreste de Hita, 1283-1350)

아, 죽음이여, 죽어버려라, 죽어버려, 꺼져라
네가 나의 우라카를 죽였구나. 차라리 나를 먼저 죽이지.
세상의 원수인 너와 닮은 게 없구나.
너에 대한 쓰디쓴 기억으로 놀라지 않을 사람이 없구나.

(…)

죽음아! 너를 저주하느라 내 마음이 힘들다.
너는 사람에게 결코 위안을 주지 않고 아무 대책도 없이
죽으면 그저 두꺼비 먹이나 되게 하는구나.
죽음아, 너는 한 가지 흠이 있는데 후추와 같은 것이다.

후추를 많이 먹으면 머리가 아프지.
그처럼 너의 망치는 사람이 머리를 내미는 순간
후려쳐 가장 강한 자도 지배하고 만다.
너의 분노가 택한 자에게는 백약이 무효구나.

(…)

너는 늘 지옥의 가장 깊은 곳에 거처하지.
너는 만 악(惡)의 으뜸이고 또 너는 만 악의 둘째다.
나쁜 거처에 살면서 세상을 절멸시키는구나.
너는 각각의 사람에게 말하지, "나 혼자서 모두 데려간다!"고.

너를 위해 지옥이라는 곳이 만들어졌으니, 너나 죽어버려라!
네가 죽고 만일 사람이 이 세상에 항상 살 수 있다면
너나 너의 무시무시한 집이 사람을 놀라게 할 일 없고
우리도 네가 오는 것을 증오하지 않으리.

해설

이 시는 스페인 중세 후기의 이야기 시인 〈좋은 사랑의 노래(El libro de buen amor)〉의 마지막 부분에서 발췌하였다. 젊은 가톨릭 사제 돈 멜론은 성직자임에도 불구하고 육체적 사랑을 간절하게 열망하지만 매번 실패하는 연애 초보로, 베누스(비너스)와 큐피드를 만나 사랑에 대한 이론적 지식을 얻고, 우라카라는 매파를 만나 실질적인 사랑의 기술을 전수받으며 원하던 사랑을 성취할 것 같았지만, 멘토처럼 의지하고 있던 우라카의 갑작스러운 죽음을 목격하며 세속적 욕망의 덧없음을 깨닫고 종교적 회심을 한다. 본문에서 돈 멜론이 자신에게 소중한 사람을 앗아간 죽음을 향해 죽어버리라고 저주를 하는 부분이나 죽음이 죽으면 모든 사람이 살 수 있을 것이라고 말하는 부분은 중세 시기의 문학적 아이러니와 의인화 기법을 잘 보여주고 있다.

죽음의 무도 Dança general de la Muerte

작자 미상(14세기 말–1420년경)

〈죽음이 말하다〉

나는 세상이 존재하는 동안 있어왔고 또 있을
모든 피조물에게 확실한 죽음이다.
내가 명하고 말하니, 오 인간이여, 흘러가는 한 순간인
그토록 짧은 삶을 어이 그리 염려하는가?
내 활로부터 안전할 수 있을 정도로
그토록 강하고 힘센 거인은 없다.
내가 이 투명하고 잔혹한 화살로
쐈을 때 그대는 바로 죽는 게 더 나으리라.

인간이여, 다른 사람이 죽어도 그대는
외모가 수려하고 잘났기에 살아남아
영속할 수 있을 것이라 생각하는 것은
그 얼마나 어리석은 일인가?
어느 한 순간 갑작스레
그대의 천한 몸에서 퍼질
흑사병과 몹쓸 병이 그대 위로
덮친다면 그대 또한 안전하지 않으리.

그대는 생각하는가, 용감한 청년이거나 어린아이라
내가 멀리 있을 거라고
혹은 그대가 힘없는 늙은이라고 해서
내 방문이 늦어질 것이라고.
그대에게 알리노니, 나는 그대에게
아무 때나 갈 것이다, 나는 상관없다
그대가 젊은이든 지친 늙은이든,
내 눈에 띄는 그대가 그 누구든 나는 데려갈 것이다.

해설

이 시는 14세기 말에서 15세기 초에 익명의 작가에 의해 쓰인 〈죽음의 무도〉의 632행 중 첫 24행에서 발췌한 것이다. 〈죽음의 무도〉는 14세기 중반 유럽에 흑사병이 창궐하여 당시 인구의 약 1/3이 희생된 이후 유럽 각국에 유행한 알레고리적 예술 토픽이다. 이 작품에서는 의인화된 죽음이 마치 저승사자나 염라대왕처럼, 사회의 다양한 신분의 사람들을 자신의 연회에 끌고 와 그들을 사회적 지위 고하, 빈부, 성별, 나이 등에 상관없이 오직 그의 행위만으로 심판하며 지상에서의 마지막 춤을 추게 한 후 저승으로 끌고 간다는 내용의 대화체 시이다. 이 작품에는 교황과 황제, 추기경, 왕, 공작, 대주교, 군사령관, 기사, 수도원장, 아름다운 젊은 아가씨, 변호사, 유대인 고리대금업자, 회계사, 세금 징수원, 무슬림 법학자와 유대교의 랍비 등과 같이 중세 스페인 사회를 구성하는 대표적인 35명의 인물군이 차례로 죽음의 무도회에 불려 나와, 심판자의 자리에 선 '죽음'의 준엄한 질책을 받고 힘없이 끌려가는 모습을 통해, 한편으로는 인생의 덧없음과 세속적 가치의 헛됨에 대한 각성을 촉구하였고, 다른 한편으로는 당시의 기득권자들과 사회의 타락을 총체적으로 비판하였다. 이처럼 죽음은 궁극적으로는 삶에 대한 경종과 거울로 작용함을 알 수 있다.

아버지의 죽음에 바친 시 Coplas a la muerte de su padre

호르헤 만리케(Jorge Manrique, 1440-1479)

I

잠든 영혼을 깨우고

뇌에 생기를 불어넣어 깨게 하라

인생은 어찌 그리 지나가고

죽음은 어찌 그리 말없이

오는지를

관조하면서.

얼마나 빨리 즐거움은 사라지고

그것을 후에 기억하면

얼마나 고통스러운지.

우리가 보기에

지나간 어떤 시간도

지금보다 더 좋았더라.

(…)

III

우리들의 삶은

죽음이라는

바나로 가는 강
거기 올곧은 나리들이
끝나고 다하기 위해 간다.
거기 큰 강들과
중간 하천들
그리고 조그만 실개천들도
도착하면, 모두 동등하다,
자기 손으로 벌어먹고 사는 이들이나
부자들이나.

(…)

V

이 세상은 고통 없는
거처인 저 세상으로 가기 위한
여정일 뿐.
그러나 실수 없이
이 여행을 하려면 훌륭한 분별력을
가져야 한다.

우리는 태어나면서 출발하고
사는 동안 걸어가다
도착한다,
소멸하는 바로 그 순간에 말이다.
이렇게 우리는 죽어서야
쉬게 된다.

(…)

XXXVI

“영원한 삶은
속세의 것으로
얻는 게 아니니라.
지옥의 죄들이
머무는 곳에서의
열락의 삶으로도 아니니라.
훌륭한 종교인들은 기도와
회개로
영원한 삶을 얻고,

유명한 기사들은

무어인들에 맞선

노고와 고충으로 얻는 법이니라."

해설

이 시는 1476년 사망한, 시인의 아버지의 죽음을 애도한 추모시이다. 이 시는 중세의 죽음에 대한 다양한 관념을 종합하고 있는데, 첫 번째 연에서는 'Tempus fugit(시간이 도망친다, 시간은 빨리 간다)', 세 번째 연에서는 'Vita flumen(강과 같이 흐르는 삶)', 다섯 번째 연에서는 'Homo viator(여행하는 인간)', 그리고 서른여섯 번째 연에서는 'Vanitas vanitatum(인생 무상)'의 토픽을 각각 다루고 있다. 세상의 놀라움과 부러움을 사던 인재들과 역사적 인물들이 지금은 어디에 있는지 물으며 결국 세상의 것들은 헛되고 헛된 것이라는 결론을 내린다. 아울러 시인은 오직 신의 뜻에 따르고 담대하게 죽음을 맞으라는 아버지 로드리고의 말을 전하면서 개인의 부귀영광이나 이익을 추구하지 말고 진정 가치 있는 행동인 하나님에 순종하는 삶을 살 때 영원한 평화를 얻는다고 말한다. 이것을 통해 중세의 이상적인 "의연한 죽음(buen morir)"의 모습을 보여준다.

소네트 25 Soneto XXV

가르실라소 데 라 베가(Garcilaso de la Vega, 1503-1536)

오, 내 고통 속에서 그것을 집행하는 운명이여,
그대의 가혹한 법칙을 내 어떻게 느꼈던가!
그대는 유해한 손으로 나무를 자르고
꽃과 과실을 땅바닥에 내던졌도다.

얼마 되지 않은 공간에 누워있도다 사랑과,
내 것들에 대한 모든 희망이,
내 탄식과 절규에 귀를 막고
하찮은 재로 변한 채

그대 받으라, 이 무덤에서 흘렸고
오늘날에도 흐르고 있는 눈물을,
비록 거기서 그대에게 아무런 결실도 없겠지만.

저 영원한 어두운 밤이
너를 보았던 그 눈을 감게 하고
너를 보게 될 또 다른 눈을 내게 줄 때까지.

해설

이 작품은 이탈리아에서 유행하였던 소네트 형식을 스페인의 언어 현실에 맞게 정착하는 데 결정적인 역할을 한 가르실라소 데 라 베가의 소네트 25번이다. 소네트는 11음절의 네 연으로 이뤄진 시 형식으로, 기-승-전-결에 해당하는 각 연은 각각 4행, 4행, 3행, 3행으로 구성되어 있다. 소네트의 1연과 2연에서 시적 화자는 한때 자신의 모든 희망이자 사랑이었던 여인이 좁은 무덤 속에 들어가 누워있는 모습에 절망하면서 운명의 잔인한 힘에 대해 한탄한다. 그리고 3연과 4연에서는 자신이 죽어 저 세상에서 다시 만나 현세에 못 이룬 사랑을 완성할 때까지 자신이 흘린 눈물과 슬픔을 잊지 말아 달라고 기원한다. "너를 보았던 눈을 감게 하고"는 이승에서의 육신의 눈을 감게 함, 즉 죽음을 암시하며, "너를 보게 될 또 다른 눈"은 영혼의 눈, 즉 천상에서 다시 만나게 됨을 암시한다. 이것을 통해 죽음을 넘어선 사랑이라는 플라톤적 사랑의 관념을 엿볼 수 있다.

소네트 10 Soneto X

가르실라소 데 라 베가(Garcilaso de la Vega, 1503-1536)

오, 내게 잘못 발견된 그대의 부드러운 옷가지여!
하느님이 원했을 때 달콤하고 즐거웠던 것들이
내 기억 속에 함께하네.
그리고 그 기억은 나를 죽음으로 몰아가네.

누가 말할 수 있었으리요? 지나간 시간
그대로 인해 내가 그토록 행복하게 보였는데,
어느 날 이토록 큰 고통으로
내게 떠올려지게 될 것이라고.

그대가 내게 주었던
그 모든 행복 순식간에 가져가려면
그대가 내게 남긴 이 아픔 또한 함께 가져가 주오.

만일 그렇게 하지 않는다면, 그 많은 행복을 준 것이
슬픈 기억 속에서 나 죽어가는 것을 보기 위해서였다고
의심할 수밖에 없으리오.

해설

이 시는 가르실라소 데 라 베가의 소네트 10번이다. 이사벨 프레이레(Isabel Freyre)가 죽은 후 가르실라소는 비통한 마음으로 여러 편의 시를 썼는데, 이 소네트에서 시적 화자는 자신이 사랑하는 사람이 죽은 후 우연히 눈에 띈 그녀의 옷가지를 보고 그녀와의 행복했던 시간을 떠올리고 그녀를 보고 싶은 마음에 고통스러워한다. 죽음은 당사자에게는 말할 것도 없고 남겨진 사람들에게도 큰 고통을 준다. 사랑하는 마음이 크면 클수록 그리고 그 사람과의 행복이 크면 클수록, 사랑하는 사람의 부재, 영원히 만날 수 없음으로 인한 괴로움 역시 비례하기 때문이다. 그런데 가까스로 그 상처를 잊을 무렵 불현듯 마주친 사랑하는 사람의 흔적은 아물어가는 상처를 다시 자극하여 이전보다 더 고통스럽게 한다. 이렇듯 사랑하는 사람의 죽음은 단 한 번에 극복되거나 잊을 수 있는 것이 아니다. 이 소네트는 사랑하는 사람의 영원한 부재로 인한 절망감이나 사무치게 보고 싶은 마음을 그 사람이 자주 사용했던 작은 소품들을 통해 사랑하는 사람의 빈자리의 의미를 극적으로 표현하고 있다.

소네트 44 Soneto XLIV

프란시스코 데 알다나(Francisco de Aldana, 1537-1578)

내 운명을 추동하는 잔혹한 힘이여,
어찌 나를 이토록 비참하게 내던지는가!
이곳에서 저곳으로, 이 사람에서 저 사람에게로,
내가 평온에 이르는 길을 영영 막아버리면서!

오, 이토록 힘겹고 연속되는 불행 후에,
비천하고 고통스러운 그의 베일이 부서져,
영혼이 부지런히 날아
자신이 왔던 곳으로 되돌아간다면

여기서 행운을 함께했던
친애하고 다정한 벗의 영혼을 동행하여
나도 하늘로 갈 텐데

오, 그렇다면 그에게 얼마나 많은 것을 말할 텐데!
사랑과 행운, 시간과 죽음에 대해
어느 것이든, 얼마든 처벌을 두려워하지 않고.

해설

이 시는 스페인의 16세기의 대표적인 군인-시인인 프란시스코 데 알다나(1537-1578)의 소네트이다. 군인이라는 직업의 특성상 어느 날은 동부 전선에, 또 어느 날은 북부 전선에, 또 다른 날은 서부 전선에 파병되어 처절한 전투를 치러야 하고, 또 상대를 죽이지 못하면 자신이 죽게 되는 잔혹한 일상을 계속해 경험하며 자신의 처량한 신세를 한탄한다. 제2연의 '비천하고 고통스러운 그의 베일'은 전투 중 부상을 입고 손상된 육체의 죽음을 암시하며, 그가 가장 아끼는 벗의 처참한 죽음을 바라볼 수밖에 없는 무력함에 깊은 절망감을 표현한다. 신플라톤주의의 영향을 받은 알다나에게 육체는 영혼을 둘러싸고 있는 일종의 막(veil)으로, 육체가 죽으면 물질적인 것은 소멸되지만 영혼은 육체에서 풀려나 본향인 근원일자로 돌아간다. 따라서 자신의 소중한 벗의 영혼이 고통스러운 지상의 사슬에서 벗어나 천상의 본향으로 날아서 돌아간다면 자신도 그를 따라 함께 그곳에 가서 이승에서 이루지 못한 많은 것들을 함께하고 싶다는 애틋한 마음을 표현하였다.

소네트 30 Soneto XXX

프란시스스코 데 알다나(Francisco de Aldana, 1537-1578)

여기서 보이는 것은 오직 서로 맞서고 있는
용감무쌍한 부대가 전장을 누비는 것과
피의 액체들이 푸른 대지를 물들이는 것,
그리고 명예로운 결말을 좇아서 사람들이 달려가는 것뿐.

"스페인, 산티아고, 공격, 공격!"
이것은 여기서 감지되는 달콤한 소리.
대기를 떨게 하는 연한 내음 사이로,
유황이 이글거리는 불꽃과 접할 때 나는 연기,

뒤덮인 입맛은 썩은 물이라도 찾으며
손끝으로 더듬거리다 발견한다,
강철로 된 피 묻은 단단한 전리품을.

부스러진 뼈, 짓이겨진 살,
산산조각 난 마구(馬具), 찢겨진 보호구.
오, 오직 인간의 품격과 고귀함이여!

해설

이 시는 프란시스코 데 알다나의 소네트들 중 전쟁의 참상을 가장 잘 표현하고 있는 소네트 30번이다. 르네상스를 말할 때 인간의 재발견이라든지 인간 중심주의의 출현을 언급하지만, 전쟁 앞에서 인간은 무기력한 존재에 불과하다. 이 시는 말 위에서 용감하게 싸우며 적을 무찌르는 승자로서의 기록이 아니라 부상을 입고 땅에 쓰러져 생사를 오가는 부상병의 눈에 보이는 전장의 모습이다. 첫 연에서는 전장의 긴박하고 팽팽한 긴장감이 엿보인다. 이미 전투가 있었는지 푸른 대지는 피로 물들어 있었고 적지 않은 희생자들이 발생한 것을 감지할 수 있다. 2연에서 시적 화자의 귀에 들리는 달콤한 소리는 아군의 진격 소리와 승전 소식이다. 산티아고는 예수의 열두 제자 중 한 명으로 스페인의 수호성인인 야고보를 가리킨다. 그리고 진격의 함성과 더불어 공기 중에 화약 냄새가 퍼진다. 연한 화약 냄새 사이로 유황 연기가 퍼지는 것으로 짐작하건대 시적 화자는 전쟁에 참여하는 전투병의 관점이 아니라 전장에서 벗어나 있거나 전투에 참여할 수 없는 부상병의 관점에서 관조자처럼 전투를 묘사한다. 아마도 그는, 총격이나 포격으로 심한 부상을 입고 땅바닥에 나뒹굴고 있으며, 전에는 심각하게 느끼지 않았던 화약 냄새와 유황 연기, 그리고 피로 물든 대지를 새롭게 경험하고 있는 것 같다. 그렇기 때문에 인상주의 기법처럼 문장은 비문과 논리적 비약으로 구성되어 있다. 피나 흙과 먼지로 뒤덮인 자신의 미각은 심한 갈증으로 인해 더러운 물이라도 마시려고 손을 뻗지만 그의 손끝에 닿는 것은 피로 물든 적군의 강철 투구이다. 그리고 손을 더듬을 때마다 손에 닿는 그 누군가의 부서진 뼈와 살점, 산산조각 난 보호구와 마구들을 통해 다행히 자신은 살았지만 그 누군가는 거기서 전사했거나 치명상을 입었을 것이라는 것을 생각하게 되고, 전쟁의 참상에 대해 절규한다. 그런 의미에서 이 시는 전쟁에서 간신히 살아남은 자가 전사한 자와 부상당한 희생자들에 대해 느끼는 비애감을 드러낸다.

삶의 거짓 같은 짧음에 대해

De la brevedad engañosa de la vida

루이스 데 공고라(Luis de Góngora, 1561-1627)

빠른 화살도 조준한 과녁을 더 먼저 찾지는 못했다
그것이 이미 날카롭게 물어뜯었다,
소리 없이 모래 위를 질주하는 경주마차는
더 조용히 결승선을 통과할 수 없었다,

우리의 나이가 종점을 향해 신속하게
그리고 은밀히 달려가는 것보다는. 그것을 의심하는 자에게는,
설령 그가 아무리 헐벗은 이성을 지닌 야수라 할지라도,
매일 떠오르는 태양도 어쩌다 찾아오는 혜성에 불과하리.

카르타고는 그것을 시인했는데 그대는 그것을 부인하려는가?
리키아여, 그대가 그림자를 붙잡고 거짓을 감싸안기를
고집한다면, 그대도 위험에 처하리.

시간은 그대를 용서하지 않으리라.
시간 시간은 하루하루를 줄질 하고,
하루하루는 한 해 한 해를 갉아먹는다.

해설

이 시는 스페인의 바로크 시인 루이스 데 공고라의 소네트이다. 그는 과식주의(culteranismo)라고 불리는 과장법의 대가였으며, 청각적 쾌(快)나 음성 상징을 최대한 산출하도록 어휘를 배치하는 데 능숙했는데, 가령 첫 행의 원문 "Menos solicitó veloz saeta[메노스 솔리시토 벨로스 사에타]"에서 인접한 [s]음은 화살이 바람을 가르고 날아갈 때 생기는 날카로운 소리를 연상시킨다. 이러한 이미지를 통해 이 시는 'Tempus fugit(시간은 빨리 간다)'라는 주제와도 자연스럽게 연결된다. 이 작품에서 시인은 세상에서 제아무리 빠른 화살이라도 시간보다 더 빠를 수는 없으며 그 어떤 경주마차도 시간보다 더 먼저 그리고 더 조용히 목표점에 도착하지 못한다고 말하면서 이를 의심하는 자는 이성이 결여된 짐승 같은 자로, 그런 사람에게는 항성인 태양도 떠돌이별인 혜성으로 착각할 것이라고 비난하면서 시간이 모든 것보다 빠르다는 점을 강조한다. 시간 앞에서는 모든 것이 힘없다는 사실은 한때 번성했지만 이제는 흔적도 찾을 수 없는 카르타고의 역사에서 알 수 있다고 말하면서, 시간의 무상함과 죽음이 조용히 그리고 빠르게 다가오고 있음을 잊지 말라고 경고한다. 그런 의미에서 이 시의 진정한 주제는 젊다고 혹은 오늘 잘 나간다고 그것에 도취되어 기고만장하지 말고 삶 속에서 그 언제 도래할지 모를 죽음이 가까이 있음을 기억하며 준비하라는 '메멘토 모리(Memento mori)'이다.

죽음이 채무 집행하는 존재임과 시간의 위력을 알라

Conoce las fuerzas del tiempo y el ser ejecutivo cobrador de la muerte

프란시스코 데 케베도(Francisco de Quevedo, 1580-1645)

내 손 사이로 어찌 너는 미끄러져 가는가!
아, 어찌 그리 빠져나가는가, 내 시간이여!
얼마나 조용한 발걸음으로 오는가, 차가운 죽음이여,
침묵의 발로 너는 모든 것을 평등하게 만드는구나!

저 약한 토성(土城)을 너는 맹렬히 기어오르건만
늠름한 청춘은 신뢰를 하는구나;
내 최후의 날의 심장은 고대한다
비상(飛上)을, 날개를 보지도 않은 채.

오, 죽어야 할 인간의 조건이여! 오 가혹한 운명이여!
내 죽음을 이기기 위한 값을 지불하지 않고
또 하루를 살기를 바랄 수는 없네!

인생의 매 순간은
새로운 처형이며, 그것을 통해 내게 경고한다.
인생이란 얼마나 연약하고, 얼마나 비참하며, 얼마나 헛된가를.

해설

이 소네트의 주제는 'Tempus fugit(시간은 빨리 간다)'로 이 작품에서 시인은 죽음이 몰래 다가오고 있는데도 그것을 모르고 자신의 젊음을 과신하는 청춘의 어리석음과 하루하루를 살기 위해 그 대가를 치러야 하는 인간의 처절한 실존적 투쟁, 그리고 시간의 덧없음과 세상에 대한 환멸을 노래한다. 첫 연에서 시간은 우리가 그것을 잡으려 하면 손아귀 사이로 물이나 모래알처럼 빠져나가 버리고, 죽음은 아무도 모르게 어느덧 우리의 곁에 다가와 부자나 가난한 사람이나, 신분이 높은 사람이나 낮은 사람이나 상관없이 평등하게 대한다고 표현되었다. 둘째 연에서 시간은 연약한 흙으로 만들어진 성벽을 쉽사리 기어 올라오건만 청년들은 그 약한 성을 견고한 요새라고 믿고 방심하고 있으며, 이카로스의 비행처럼 자신의 날개의 한계를 생각하지도 않고 하늘로 날아가려고만 하는 어리석음이 결국 비극적 최후를 맞을 수밖에 없음을 지적하면서 신중하기를 권고한다. 셋째 연에서 인간은 자신의 죽음을 하루 더 연기하기 위해서는 그에 합당한 대가를 지불해야 하는 인간의 처절한 실존적 투쟁에 대해 말한다. 여기에서 20세기 실존주의의 선구적 모습을 엿볼 수 있다. 인생의 어느 순간도 우리를 처형할 수 있으며 우리에게 맡긴 시간 혹은 생명을 거두어갈 수 있기 때문에, 인생의 덧없음을 인식하고 겸손하고 경건하게 살아야 한다고 경고한다. 따라서 죽음은 단순히 존재의 소멸이라는 두려움이 아니라 삶을 더 올바르게 살아가도록 성찰하게 하는 자극제로 기능한다.

운율 52 Rima LII

구스타보 아돌포 베케르(Gustavo Adolfo Bécquer , 1836-1870)

황량하고 외딴 해변에서
굉음을 내며 산산이 부서지는 거대한 파도여,
거품의 막에 덮여있는
나도 함께 데려가 다오!

울창한 숲의 시든 잎사귀들을
휩쓸고 가는 허리케인의 돌풍이여,
눈먼 회오리바람에 질질 끌려가는
나도 함께 데려가 다오!

햇살에 찢기어 떨어져 나온 가장자리를
불에 장식하는 폭풍우 구름이여,
짙은 안개 사이에서 유린당한
나도 함께 데려가 다오!

자비를 베풀어 나를 데려가 다오, 이유 있는 이 현기증이
내게서 기억을 뿌리째 뽑을 곳으로
자비를! 고통 속에 나 홀로

남아있기 두려워!

해설

이 시에서는 구체적으로 죽음을 다루지 않지만, 세상에 대한 절망감과 비애감으로 인해 죽고 싶어 하는 마음, 프로이트(Sigmund Freud)의 정신분석학에서 말하는 죽음 충동(Todestrieb)을 드러내고 있다. 일반적 의미에서 죽음을 정말로 원하고 바라는 사람은 거의 없다. 그럼에도 불구하고 절대적인 우울과 절망에 빠져 세상에서 버림받았다고 느낄 때 차라리 죽음으로라도 피하고 싶어 한다. 4연으로 이뤄진 이 시에서 1연에서 3연까지는 동일한 구조를 지니고 있으며 어떤 표현들은 대구(對句)를 이룬다. 먼저 '거대한 파도'와 '허리케인의 돌풍', '폭풍우 구름'은 각 연에서 시적 화자가 호소하는 가공할 위력을 지닌 약탈적 자연물이며 '황량한 해변', '울창한 숲', '불'은 앞의 자연물의 힘 앞에서 저항하지 못하는 피동적이고 희생적 자연물이며, '거품의 막', '눈먼 회오리', '짙은 안개'는 자신의 심리적 현실을 투사하는 자연물이다. 파괴적 자연이 미치는 곳은 철저하게 파괴되고 황폐해진다. 따라서 그곳은 죽음의 공간이다. 그런데 시적 화자는 고통이 너무 큰 '지금-여기(hic et nunc)'가 아닌 그 어느 곳으로라도 도피하고 싶어 한다. 상처받은 이 삶에서 벗어날 수만 있다면, 그곳이 어디여도 상관없기에 적막한 해변과, 울창한 숲을 파괴한 거대한 파도와 허리케인의 돌풍 그리고 폭풍우 구름에게 자신도 함께 데려가 달라고 간청한다. 1연에서 3연의 각 연의 마지막 행에서 반복되는 이 시구는 후렴구로 기능하면서, 이 호소가 일회적이고 일시적인 감정이 아니라 지속적이고 간절한 염원임을 보여준다. 이 시의 시적 화자에게 죽음은 현실의 고통과 절망을 벗어날 수 있는 달콤한 치유처럼 보이기 때문이다. 따라서 이 시에 드러난 죽음 충동은 죽음 그 자체를 추구한다기보다는 현재의 고통과 상처에서 벗어날 수 있는 곳, 즉 탈(脫)장소를 지향한다고 볼 수 있다. 그곳은 현재의 시간이 멈추고 부정적 기억이 소멸된 니르바나의 공간 혹은 롤랑 바르트가 언급한 아토피아(atopie)에 가깝다. 아토피아는 구체적이고 특정한 장소에 고정될 수 없고 정체를 규정할 수 없는 존재-너머를 지시하지만 그렇다고 전통적인 형이상학이나 종교에서 말하는 초월의 장소는 아니다. 그곳은 오히려 치유의 장소이며 망각의 장소이며 그것을 통해 삶으로 회귀할 수 있는 존재의 장소이다. 따라서 베케르에 있어서 죽음의 충동은 실제로는 삶의 충동의 변형이라고 볼 수 있으며 자신의 절망을 죽이고 자신은 소생하기를 원하는 생명의 공간이다. 바로 여기에서 죽음의 충동은 기교한 방식으로 삶의 충동, 즉 살고자 하는 무의식적 의지로 전환된다.

어머니에게 A mi madre

로살리아 데 카스트로(Rosalía de Castro , 1837-1885)

아, 얼마나 비통한 슬픔인가!
아, 얼마나 지독한 아픔인가!
나는 보았네
내 마음 속 가련한 엄마를!
움직임도 음성도 없이
검은 상자 속에 놓여,
그녀의 유해를 밝히는
밀랍처럼 창백한.

그때부터 난 내게 온기를
줄 어느 누구도 없었네.
그녀가 떨며 태워주던
불은 꺼졌네.
그때부터 난 내게
"얘야, 내가 널 낳은 사람이야"
말하던 다정한 목소리를
갖지 못했네.

아, 얼마나 절망적 슬픔인가!

아, 얼마나 지독한 아픔인가!

그녀는 죽었고 나는 살아있네!

그녀는 죽었고 나는 살아있네!

그러나, 아, 둥지 없는 새를

태양은 거의 비추지 않으리,

내 엄마의 젖가슴은

내 마음의 둥지였네.

(…)

엄마를 봤다… 슬픈 시선,

엄마는 나를 향해 힘없이 돌아섰지.

얼어붙은 무덤의 딸인

차가운 눈물에 흠뻑 젖은 채.

(…)

거기서 그녀는 홀로 그리고 슬프게 있었다,

상복을 입은 채,

그리고 부드러운 소리로 말했다.

"나는 널 잃어버렸구나, 넌 날 잃어버렸구나."

이에 우리는 울었다. 얼마나 놀라운 일인가!
우리는 이런 운명에 대해 울었다.
그녀는 죽음에 대해 눈물 흘리며 울었고
나는 고통에 대해 눈물 흘리며 울었다.

해설

이 시는 로살리아 데 카스트로가 자신의 엄마의 죽음을 추모하며 쓴 연작시의 일부이다. 로살리아는 1837년 스페인 갈리시아의 파드론(Padrón)에서 한 젊은 가톨릭 사제와 지방 귀족 출신인 마리아 테레사 데 카스트로의 딸로 태어났다. 그러나 사제는 결혼을 할 수 없기에, 로살리아의 어머니는 평생을 미혼모로 살았으며, 로살리아 역시 보수적인 사회에서 사생아라는 낙인과 편견으로 고통받았다. 로살리아는 자신을 세상에 낳은 부모를 원망했고 특히 엄마에게 심하게 반항하다가, 마드리드에 가 시인으로 데뷔하였다. 결혼 후 딸을 낳고서야 그녀는, 평생을 미혼모로 살며 자신을 정성스럽게 키워준 어머니의 헌신과 고생을 이해하며 조금씩 마음을 열기 시작했지만, 얼마 후 어머니가 세상을 떠나면서, 어머니에 대한 죄책감으로 심한 우울증을 겪었다. 이 작품에는 그녀의 안타까움과 애절한 마음이 잘 표현되어 있다. 처음 세 개의 연에는 관 속에 누워있는 자신의 어머니를 보며 이제 세상에서 완전히 고아가 된 자신의 처지와 자신을 키우느라 어머니가 얼마나 많은 것을 희생하며 살았는지에 대한 미안함이 표현되어 있다. 뒤의 두 연은 어느 날 자신의 방에 찾아온 어머니의 환영(幻影)을 보고 서로 감싸안고 우는 장면을 묘사하고 있다. 돌아가신 어머니가 그녀를 정말로 찾아왔을 리는 없지만 그만큼 어머니를 보고 싶은 그녀의 간절하고 애절한 마음이 잘 드러나 있다.

기수(騎手)의 노래 Canción de jinete

페데리코 가르시아 로르카(Federico García Lorca, 1898-1936)

코르도바.
멀고도 외로운.

검은 조랑말, 커다란 달,
그리고 내 허리가방에는 올리브 열매 몇 알.

내 비록 그 길을 알건만
나는 결코 코르도바에 도착하지 못하리
들판을 가르며, 바람을 가르며
검은 조랑말, 붉은 달.

죽음은 나를 쳐다보고 있다
코르도바의 성탑 위에서.

아, 길이 이다지 길단 말인가!
아, 내 용감한 조랑말!
아, 죽음은 나를 기다리고 있구나,
코르도바에 도착하기 전에!

코르도바.

멀고도 외로운.

해설

이 시에는 인간을 호시탐탐 노리고 있는 죽음과, 죽을지도 모르지만 홀로 자신의 길을 가야 하는 인간의 실존적 불안이 대비를 이룬다. 이 시는 읍소하거나 감정을 과하게 표출하는 이전의 낭만주의 시들과 달리 간결한 이미지와 절제된 감정 표현을 통해 죽음에 쫓기는 인간의 숙명을 암시적으로 그리고 있다. 이 시에서 시적 화자는 코르도바를 향해 조랑말을 타고 홀로 외로이 밤길을 가고 있다. 코르도바는 스페인 남부의 내륙에 위치한 도시로, 수백 년 동안 스페인을 지배했던 이슬람 왕국의 첫 번째 수도였던 유서 깊은 고도(古都)이다. 그 길은 험해서 평소에도 왕래가 많지 않지만 시적 화자는 달만 떠있는 밤길을 급히 조랑말을 몰아 코르도바에 가야 할 급한 사정이 있으리라. 어쩌면 어떤 위협적인 존재가 그를 좇아오는지도 모른다. 어쩌면 그는 오는 길에 강도를 만나 가진 것을 모두 뺐기고 간신히 도망쳐 오는 중일 수도 있다. 부상이나 병으로 그의 생명이 경각에 달려있을지도 모르고, 전란과 같은 소식을 급히 전해야 할 수도 있다. 그러나 아무리 열심히 달려도 작은 조랑말이 빠르게 달릴 수는 없을 것이다. 마음이 급할수록 길은 멀게만 느껴진다. 그런데 죽음은 코르도바의 성루에서 그를 주시하며 기다리고 있다. 그가 타고 있는 조랑말의 검은색이나 밤하늘의 커다란 달의 붉은색은 죽음이나 피와 같이 불길한 이미지를 연상시킨다. 그렇기 때문에 시적 화자는 코르도바에 도착하기 전에 죽을지도 모른다. 그럼에도 시적 화자는 자기가 가야 하는 코르도바를 향해 밤길을 홀로 간다. 그것이 그의 숙명이기 때문이다. 이 시에서 코르도바는 마치 카프카의 소설 〈성〉과 같이 도달하려고 하지만 결코 이르지 못하는 그 어떤 대상에 대한 은유일 수 있다. 인간은 원하는 목표에 이르기 전에, 매 순간 우리를 노리고 있는 죽음에 불의의 순간에 일격을 당할지라도 자신이 가야 할 길, 운명의 길을 가야만 하는 것, 그것이 인간의 삶이다.

부재하는 영혼 Alma ausente

페데리코 가르시아 로르카(Federico García Lorca, 1898-1936)

투우 소나 무화과나무는 자네를 알아보지 못한다
자네 집의 말과 개미들도.
소년이나 오후도 자네를 알아보지 못한다
자네가 죽어버렸기 때문에 영원히.

묘비의 석판도 자네를 알아보지 못한다
자네를, 산산이 조각난 검은 평지도.
자네의 침묵하는 기억도 자네를 알아보지 못한다
자네가 죽어버렸기 때문에 영원히.

가을은 올 것이다 달팽이들과 함께
그리고 안개 자욱한 포도와 산등성이들과 함께,
그러나 아무도 자네의 경기를 보고자 하는 사람은 없겠지.
자네가 죽어버렸기 때문에 영원히.

자네가 죽어버렸기 때문에 영원히,
지상의 모든 죽은 사람들처럼
숨이 꺼져버린 수많은 개들 속에서

잊힌 모든 사람들처럼.

아무도 자네를 알아보지 못한다. 아무도. 하지만 나는 자네를 노래해.

나중을 위해 나는 자네의 프로필과 자네의 우아함을 노래해.
자네의 죽음을 향한 욕망과 그대 입의 취향
자네의 용감한 기쁨이 지녔던 슬픔.

많은 시간이 걸리겠지 자네가 환생하려면, 만약 다시 태어난다면
분명하고 풍요로운 모험을 한 안달루시아인으로 태어나게나.
나는 자네의 기품을 노래하네 신음하는 말로
그리고 나는 기억하네 올리브 숲 사이로 부는 슬픈 산들바람을.

해설

이 시는 로르카가 쓴 연작시 〈이그나시오 산체스 메히아스의 죽음을 애도하며(Llanto por Ignacio Sánchez Mejías)〉의 마지막 부분이다. 이그나시오 산체스 데 메히아스는 로르카의 절친한 친구이며 당대 최고의 투우사였지만 1934년 8월 11일 투우 경기 중 투우 소의 뿔에 받혀 사망하였다. 이 추모시는 '뿔에 받힘과 죽음(La cogida y la muerte)', '흩뿌려진 피(La sangre derramada)', '현존하는 육체(Cuerpo presente)' 그리고 '부재하는 영혼(Alma ausente)'으로 구성되었으며 로만세 양식과 민요 양식, 알레한드리노 등 다양한 시 형식을 사용하고 있다. 로르카가 잘 표현하듯이 죽음은 무엇보다 '현존하는 육체'와 '부재하는 영혼'을 특징으로 한다. 육중한 소의 날카로운 뿔에 받혀 싸늘한 시신이 된 이그나시오의 육체는 시인의 눈앞에 있지만, 더 이상 그의 몸은 움직이지 않고 숨 쉬지도 않는다. 하얀 천에 싸인 채 투우장의 모랫바닥에 누워있는 이그나시오의 육체는 그와 친밀했던 사람들도 알아보지 못할 정도로 일그러져 있으며 그의 영혼은 육체를 떠나 머나먼 곳, 죽음의 세계로 떠나갔다. 그러나 이 세상에서 그를 기억하고 노래해 주는 사람이 한 사람이라도 있다면 언젠가 그가 환생하여 또 다시 늠름하고 자랑스러운 안달루시아인으로 살아가기를 바라는 일종의 초혼가로 볼 수 있다. 여기서 윤회사상은 불교적이라기보다 플라톤의 내세관과 관련이 있다. 희랍인들은 사람이 죽으면 이 세상과 저 세상을 가로지르는 레테의 강을 지나야 하며 이때 반드시 강물을 마시고 이 세상의 모든 기억을 잊어야만 한다고 생각했다. 그러나 자신이 사랑하는 아내를 찾아 지하의 세계로 내려가 아내를 데려오려고 했던 오르페우스의 노래처럼, 로르카는 이제는 아무도 알아보지 못하고 앞으로 아무도 기억하지 못할 자신의 친구를 노래함으로써 그가 사랑하는 친구가 영원히 망각 속으로 사라지지 않고, 사람들에게 기억되도록 이 시를 썼다. 죽음보다 무서운 것이 망각이며 시인의 사명은 자신이 흠모하는 사람을 망각으로부터 구출하여 불멸의 존재로 만드는 데 있다. 아르놀트 하우저 등이 밝히고 있듯 이러한 바람과 이러한 행위가 바로 문학의 한 기원이다. 이 작품은 단순히 애통함의 표현을 넘어, 죽음은 존재의 끝이 아니라 또 다른 시작이며 삶은 죽음을 통해 종결되는 것이 아니라 다른 사람들의 기억을 통해 계속 이어질 수 있다는 관념을 드러내고 있다.

나 노래하리 네가 좋아했던 것을

Yo canto lo que tú amabas

가브리엘라 미스트랄(Gabriela Mistral, 1889-1957)

난 노래한다 네가 좋아했던 것을, 내 생명아,
어쩌면 네가 다가와 들을지도 모르니, 내 생명아,
어쩌면 네가 살던 세상을 기억할지도 모르니
해가 저물 때 나는 노래한다. 내 그림자여.

나는 입 다물고 있지 않을래, 내 생명아,
내 처절한 절규가 없다면 네가 어찌 나를 찾을까?
어떤, 그 어떤 표식을 내 보일 수 있을까, 내 생명아.

나는 네가 알던 그대로야, 내 생명아.
느리지도 기억이 희미해지지도, 망연자실하지도 않아.

어둠이 내릴 때 와, 내 생명아,
어느 노래를 기억하며 와, 내 생명아,
만약 배웠던 그 노래를 알고 있다면,
만약 아직도 내 이름을 기억하고 있다면 말이야.

난 널 기다려 기한 없이 그 언제든

두려워 마, 밤이든 안개든 소나기든.

길이 있든 길이 없든 와.

네가 있는 곳에서 나를 불러, 내 영혼아

그리고 내게로 곧장 와, 내 동반자여.

해설

이 시는 1945년 중남미에서 최초로 노벨 문학상을 수상한 칠레 시인 가브리엘라 미스트랄의 작품이다. 가브리엘라 미스트랄은 필명으로서 본명은 루실라 고도이 알카야가(Lucila Godoy Alcayaga)이다. 그녀는 뛰어난 시인이었을 뿐만 아니라 외교관이었으며 또한 훌륭한 교육자였는데, 훗날 또 다른 노벨 문학상을 수상한 칠레 시인 파블로 네루다의 문학적 재능과 감성을 일깨운 선생님이기도 하다. 가브리엘라 미스트랄에게 있어 죽음은 그 어느 시인보다 특별한 의미를 지니는데, 먼저 그녀의 첫사랑인 로멜리오 우레타(Romelio Ureta)가, 그리고 이십여 년 후에는 그녀의 조카이자 양아들 미겔(Juan Miguel Godoy)이 자살로 생을 마치며 그녀에게 큰 절망과 트라우마를 주었기 때문이다. 이러한 상처는 그녀의 여러 작품들에 깊이 녹아 있는데, 이 시에서 시적 화자는 죽은 자신의 연인 혹은 사랑하는 사람을 그리워하며 그가 좋아했던 노래를 부른다. 망자가 생전에 좋아했던 노래를 그가 좋아했던 황혼 무렵에 부르며 그를 영원히 기다리겠다는 애절한 다짐을 한다. 그리스 신화에 따르면 사람이 죽게 되면 이승과 저승을 가로지르는 레테의 강을 건너 저승으로 간다. 이때 레테의 강물을 마셔야 이승의 모든 기억을 잊고 저승으로 갈 수 있다. 그런데 이 시에서 시적 화자는 자신이 진실한 노래를 계속해야, 망인이 된 사랑하는 사람이 저 세상에서도 그녀를 잊지 않고 언젠가 자신을 찾아와 다시 만날 수 있으리라는 간절한 바람을 드러내며, '죽음을 넘어선 사랑'이라는 플라톤적 사랑의 관념을 형상화하고 있다.

오직 죽음만이 Sólo la Muerte

파블로 네루다(Pablo Neruda, 1904-1973)

외로운 묘지들이 있다,
소리 없는 뼈로 가득한 무덤들,
깜깜한, 깜깜한, 깜깜한
터널을 통과하는 심장,
안으로 향하다 난파된 것처럼 우리는 죽는다,
심장 속에서 우리가 익사하는 것처럼,
우리가 피부로부터 떨어져 영혼으로 가는 것처럼.

시체들이 있다,
끈적끈적한 차가운 진흙의 발이 있다,
뼈 속에는 죽음이 있다,
순연의 소리처럼,
개가 없는데도 들리는 짖는 소리처럼,
어느 종에서, 어느 무덤에서 나오면서,
비처럼, 울음처럼 습도가 높은 곳에서 자라면서.

이따금 나는 홀로 본다
돛을 단 관들이

창백한 망자(亡者)들과 함께 출항하는 것을, 죽은 머리를 땋은 여인들과 함께,

천사처럼 하얀 제빵사들과 함께,

공증인과 결혼한 수심에 잠긴 젊은 여자들과 함께,

사자(死者)들의 수직의 강을 오르는 관들,

검붉은 강,

돛은 망자의 소리에 잔뜩 부풀어,

위로 향한다, 망자들의 적막한 소리에 잔뜩 부풀어.

죽음은 소리 나는 것에 온다,

발 없는 구두처럼, 사람 없는 옷처럼,

와서 가격한다, 보석 없는, 손가락 없는 반지로,

와서 절규한다, 입 없이, 혀 없이, 목구멍 없이,

그러나 그의 잔은 소리를 낸다

그의 옷도 소리 낸다, 조용히, 나무처럼.

난 죽음을 모른다, 아는 게 별로 없다, 잘 보지도 못한다,

그러나 그의 노래가 젖은 제비꽃 색깔이라고 믿는다,
대지에 익숙한 제비꽃의 색깔,
왜냐하면 죽음의 얼굴은 초록색이고
죽음의 시선은 제비꽃잎의
날카로운 습기를 머금은, 성난 겨울의 무거운 색을 지닌
초록색이기 때문이다.

하지만 죽음은 빗자루를 입고 세상을 누빈다,
죽은 자를 찾으면서 바닥을 핥는다,
죽음은 빗자루 속에 있다
빗자루는 죽은 자를 찾고 있는 죽음의 혓바닥이다,
실을 찾고 있는 죽음의 바늘이다.

죽음은 간이 침상 안에 있다:
느린 매트리스 안에, 검은 담요 안에
늘어져 살다가 갑자기 바람을 내분다:
침대시트를 부풀리는 어두운 소리를 내분다,
그리고 항구로 항해하는 침대들이 있다

거기서 죽음은 기다리고 있다, 제독의 복장을 하고서.

해설

이 시는 네루다가 초현실주의의 영향을 받아 쓴 작품으로, 초현실주의 시의 특징 중의 하나인 모자이크 기법처럼 명사구나 비문법적인 어구들의 병렬을 통해, 죽음의 본질을 규정하기보다는 죽음이 떠올리는 이미지를 꼬리에 꼬리를 물듯 배열하고 있기 때문에 이해하기 쉽지 않다. 더구나 앞에서 살펴본 다른 작품들처럼 죽음에 대한 명상이나 비통한 감정의 표현이 아니라, 파격적이고 논리적 비약이 심한 이미지를 사용해 죽음의 보편편재성(presencia universal)을 보여준다. 이러한 모자이크 기법과 이미지들의 중첩, 심한 비약은, 죽음 자체가 우리가 이해할 수 있는 논리적이고 일관성 있는 현상이 아니라 하나의 단절이며, 충격이고, 결코 이해하거나 수긍할 수 없다는 점에서 죽음의 이미지를 효율적으로 표현하고 있을 수도 있다. 우리가 죽음에 대해 알고 있는 것은 죽음 그 자체가 아니라 죽은 사람들을 통해서이다. 아무도 없는 외딴 곳에 빼곡히 있는 묘지들, 그 안에 있는 시체들, 뼈, 해골, 그리고 일상적으로 사용하는 혹은 아픈 사람들이 누워있는 간이 침상과 그들이 덮고 있는 담요 속에 죽음은 있다. 무덤과 터널의 어둡고 좁은 이미지는 교차한다. 그리고 그것은 우리의 몸에 있는 심장과 연결된다. 그 심장 속에서 사람들은 때때로 절망 속에 빠져 죽기도 한다. 죽음은 소리가 나는 곳, 생명이 있는 곳, 울음소리나 다툼이 있는 곳이면 어디라도 찾아간다. 소리 없이, 보이지 않게 다가와 사람들에게 불의의 일격을 가한다. 그리고 빗자루같이 지상을 샅샅이 털어서 사람들을 그들이 누워있던 침대나 관에 태워, 하늘로 가는 배에 태워 보낸다. 시간이라는 강의 포구에서, 운명이라는 바다의 항구에서 죽음은 모든 인간을 기다리며 하늘로 가는 배들을 관리한다. 이처럼 시인은 죽음의 이미지들을 비통에 젖은 사람의 입장이 아니라 제3자적 관찰자 시점에서 덤덤히 묘사한다는 점에서 앞서 살펴본 다른 작품들과 차별화된다.

월명사(月明師, ?-?) 한국 통일신라시대 경덕왕 때의 승려. 향가 작품 〈제망매가(祭亡妹歌)〉와 〈도솔가(兜率歌)〉가 《삼국유사》에 전한다. 〈제망매가〉는 죽은 누이를 위하여 지은 것으로, 누이의 재(齋)를 올릴 때 이 향가를 지어 불렀더니, 돌연 바람이 일어 누이의 저승길 노자로 바친 지전(紙錢)을 날려 서쪽으로 사라지게 하였다고 한다. 또한, 760년(경덕왕 19) 4월에 두 개의 해가 나타나 열흘 동안이나 계속되는 괴변이 일어났는데 그가 〈도솔가〉를 지어 불렀더니 그 괴변이 곧 사라졌다고 한다.

충담사(忠談師, ?-?) 한국 통일신라시대 경덕왕 때의 승려. 향가 〈안민가(安民歌)〉와 〈찬기파랑가(讚耆婆郎歌)〉를 지었으며 《삼국유사(三國遺事)》에 그의 행적이 나온다. 경덕왕이 충담사를 불러, 왕을 위하여 〈안민가〉를 지어달라고 하자, 왕에게 이상한 향기가 풍기는 차를 끓여 올리고 즉석에서 "임금답게, 신하답게, 백성답게 할지면, 나라는 태평할지니라"는 요지의 노래를 지어 바쳤다. 왕이 찬탄하여 그를 왕사(王師)로 봉하였으나, 굳이 사양하고 받지 않았다는 일화가 전해져 내려온다.

이숭인(李崇仁, 1347-1392) 한국 고려 시대 학자이자 시인. 호는 도은(陶隱), 고려 후기 《도은집》을 저술하였으며 목은(牧隱) 이색(李穡), 포은(圃隱) 정몽주(鄭夢周)와 함께 고려의 삼은(三隱)으로 일컬어지기도 한다(이숭인 대신 야은[冶隱] 길재[吉再]가 호명되기도 한다). 공민왕 때 문과에 급제하여 벼슬에 올랐고 이후 부침을 겪다가 조선의 개국에 이르러 자기와 함께 처세하지 않은 데 앙심을 품은 정도전에 의해 유배지에서 장살(杖殺)되었다. 이숭인은 타고난 자질이 뛰어나고 문체가 아름다워 중국의 사대부들도 그 저술을 보고 모두 감탄하였다 한다. 저서로는 《도은집(陶隱集)》이 있다.

이덕무(李德懋, 1741-1793) 한국 조선 시대의 유학자이자 실학자. 서자이면서 병약하였으나 총명하여 약관에 공동 시집 《건연집(巾衍集)》을 내고 북학파 실학자들과 교유하였다. 1779년에 초대 규장각 외각검서관이 되어 14년간 규장각에 근무하며 많은 책을 읽었다. 근면하고 특히 시문에 능해 규장각 경시대회(競詩大會)에서 여러 번 장원을 차지하였다. 비속한 청나라의 문체를 사용해 문체반정(文體反正)에 걸려 정조에게 자송문(自訟文)을 지어 바치기까지 했으나, 질병으로 1793년에 죽었다. 저서로는 《관독일기》, 《편찬잡고》, 《청비록》 등이 있다.

《청구영언(靑丘永言)**》**(1728) 1728년에 편찬된 가장 오래된 대표적 시조집이다. 정윤경의

서, 악조별 6수, 여말 6수, 조선 왕조 203수, 열성어제 5수, 여항 6인의 65수, 규수 3인의 5수 등 580수의 시조를 실었다. 이어 김천택의 발과 마악노초의 후발이 실려있다. 시조를 작가와 시대별로 배열했고 작자가 있는 것을 먼저, 다음에 무명씨 작품을 배열했다.《가곡원류》,《해동가요》와 함께 3대 시가집으로 불린다.

김소월(金素月, 1902-1934) 한국의 현대 시인. 본명은 정식(廷湜)이다. 평북 구성에서 태어났으며 오산학교, 배재고보를 졸업하고 도쿄상대에 입학하였으나 관동대지진으로 중퇴하고 귀국하였다. 1925년 출간한《진달래꽃》은 한국의 전통적 정서인 한을 서정적으로 노래한 시집으로 평가받으며 오늘날까지 많은 사랑을 받고 있다. 1930년대 들어 신문사 지국을 경영하였으나 운영에 실패하였으며, 그 후 실의의 나날을 술로 달래는 생활을 하였다. 33세 되던 1934년 생을 스스로 마감하였다.

정지용(鄭芝溶, 1902-1950) 한국의 현대 시인. 충북 옥천에서 태어났으며 휘문고보, 도시샤대학을 졸업했다. 유학생 시절 〈카페 프란스〉 등 9편의 시를 발표하고 귀국 후 시문학 동인, 구인회 회원으로 활동했다. 1935년 그동안 발표했던 시들을 묶어 첫 시집인《정지용 시집》을, 1941년에는 두 번째 시집인《백록담》을 발간했다.《카톨릭청년》,《문장》지 편집에 관여하며 이상, 청록파 시인에게 시 발표의 기회를 제공하였다. 1950년 6·25 직후 전쟁의 소용돌이에 휘말려 생을 마감하였다.

이육사(李陸史, 1904-1944) 한국의 현대 시인. 본명은 원록(源綠). 경북 안동에서 태어나 1925년 독립운동단체 의열단에 가입 이후 지속적으로 항일 운동에 가담하였다. 1935년《신조선》에 발표한 〈황혼〉을 발표하고 1937년 신석초 · 윤곤강 · 김광균 등과《자오선》을 발간하여 〈청포도〉, 〈교목〉, 〈파초〉 등의 시를 발표했다. 1941년 폐병을 앓아 성모병원에 입원, 잠시 요양했으나 독립운동을 위해 1943년 초봄 다시 베이징으로 갔다. 그해 4월 귀국했다가 6월에 피검되어 베이징으로 압송되어 수감 중 베이징의 감옥에서 옥사했다. 1946년 동생인 문학평론가 이원조에 의해《육사시집》이 발간되었다.

이상(李箱, 1910-1937) 한국 현대의 시인. 서울 태생으로 본명은 김해경(金海卿)이다. 1926년 경성고등공업학교 건축과에 입학하였으며, 1929년 졸업 후 조선총독부 내무국 건축과 기수로 근무했다. 시, 소설, 수필에 걸쳐 두루 작품 활동을 한 일제 식민지 시대의 대표적인 작가로, 특히 시 〈오감도〉 연작이나 소설 〈날개〉 등을 통해 불안한 현대인의 양상을 제시하며 전위문학의 극단을 제시했다는 평가를 받는다. 1934년 구인회에 입회하고, 1936년 일본으로 건너간 뒤 이듬해 불령선인(不逞鮮人)으로 검거, 구금되었다가 건강 악화로 풀려나와 도쿄대학 부속병원에 입원했으나 4월 17일 세상을 떠났다.

강소천(姜小泉, 1915-1963) 한국의 아동문학가. 본명은 강용률. 함경남도 고원(高原) 출신. 1931년 동요 〈민들레와 울아기〉가《조선일보》 신춘문예에 당선되었고 1937년 이후에는 동화 및 소년소설을 쓰기 시작했다. 또한 그는 마해송(馬海松) 등과 함께 〈어린이헌장〉을 기초, 반포하는 데도 힘썼다. 1963년 5월 49세를 일기로 타계했다. 주요 저서로는 동요동시집 《호박꽃초롱》과 동화집 《조그만 사진첩》·《꿈을 찍는 사진관》 등이, 전집으로는 《강소천아동문학전집》(전 6권)·《강소천아동문학독본》 등이 있다.

윤동주(尹東柱, 1917-1945) 한국 현대의 시인. 북간도에서 태어나 숭실중학교, 연희전문, 도시샤대학에서 수학하였다. 일제강점기에 짧게 살다간 젊은 시인으로, 어둡고 가난한 생활 속에서 인간의 삶과 고뇌를 사색하고, 일제의 강압에 고통받는 조국의 현실을 가슴 아프게 생각한 고민하는 철인이었다. 1945년 일본 후쿠오카 형무소에서 생을 마감한 이후, 1948년 유고를 모은 시집 《하늘과 바람 과 별과 시》가 출간되었다.

왕평(王平, 1908-1940) 한국의 배우이자 작사가. 본명 이응호(李應鎬). 1908년 경상북도 영천에서 출생하였다. 1924년 현철이 설립한 조선배우학교의 1기생으로 들어가 연기 수업을 받은 뒤 1929년 창립된 극단 조선연극사의 단원으로 배우 활동하고 극본도 썼다. 이 시기 그가 작사한 〈황성의 적(跡)〉(후에 '황성옛터'라는 제목으로 불림)은 무대의 명배우 겸 인기 가수인 이애리수가 불러 히트했다. 왕평의 전체 작품 수는 〈황성의 적〉 포함 총 195편 정도이다. 1940년 평안북도 강계에서 연극 〈남매〉를 공연하던 도중 무대에서 뇌일혈로 사망했다.

《악부시집(樂府詩集)**》**(기원전 1세기 전후) 중국 송나라 때 곽무천(郭茂倩, 1041-1099)이 역대의 가요 5천여 편을 모아 펴낸 시집. '악부'는 본래 중국에서 음악을 관장하던 관청 이름으로, 이곳에서 수집된 민간 가요를 '악부시'라 불렀다. 《악부시집》은 악부에서 수집한 '악부시'와 후대에 문인들이 악부시를 모방해 지은 시를 집대성한 것이다. 그 가운데 〈한요가(漢鐃歌)〉는 본래 군악(軍樂)으로 불리던 것을 가리킨다.

〈고시십구수(古詩十九首)**〉**(기원후 1세기 전후) 한나라 때 오언시(五言詩)가 유행하면서 이름이 알려지지 않은 시인이 많은 작품을 남겼는데, 이 가운데 《문선(文選)》에 수록된 19수가 가장 유명하다. 후대에 이를 '고시십구수'라 불렀다. '고시십구수'는 개인의 감정을 담았다기보다 시대적인 정서와 분위기를 더 많이 드러냈다. 인생의 짧음과 무상감에서 비롯된 비애의 정서가 주류를 이루는 가운데 향락주의로 나아가는 경향이 두드러진다.

공융(孔融, 153-208) 중국 한나라 때의 문인. 공자의 20대 손으로 시와 산문에 두루 능했다. 한나라 말기 건안(建安) 연간에 크게 활약한 일곱 사람을 가리키는 '건안칠자(建安七子)' 가운데 한 명이다. 강직한 성격으로 조조의 행동을 비난하기도 했는데 이것이 조조의 심기를 건드려 그에게 살해되었다. 그러나 조조의 아들인 조비는 공융의 시를 특히 좋아해 조조가 죽은 뒤에 공융의 시와 산문을 모아 《공북해집(孔北海集)》을 편찬했다.

도잠(陶潛, 365-427) 중국 동진 시기의 시인, 산문가. 대표작으로 〈오류선생전〉, 〈도화원기〉, 〈귀거래사〉 등이 있다. 가난에서 벗어나고자 하급 관리 직을 전전했지만 그의 자유로운 성품이 관리 생활에는 적합하지 않았고, 관리 사회의 부패에도 염증을 느껴 팽택 현령을 맡은 지 80여 일 만에 사직하고 돌아와 은둔했다. 그가 꿈꾸었던 이상향인 '무릉도원'이 〈도화원기〉에 잘 드러나 있으며, 중국 역사상 최고의 전원시인으로 평가받고 있다.

왕범지(王梵志, 약 590-660) 중국 당나라 때의 시인. 자와 호는 알려진 바가 없으며, 지금의 허난성 쉰현(浚縣) 사람이다. 부유한 가정에서 태어났으나 집안이 몰락하면서 날품팔이 신세로 전락했고, 만년에는 더 생활이 어려워져 거지꼴을 면하지 못했다. 비참한 생활을 견디다 못해 50세가 넘어 불가에 귀의해 승려가 되었으나 떠돌이 생활을 그치지 않았다. 세태와 인정을 풍자하는 내용의 통속적인 시를 많이 지었다.

이백(李白, 701-762) 중국 당나라 때의 시인. 자는 태백(太白)이고 호는 청련거사(青蓮居士)이며, 지금의 키르키즈스탄 경내인 쇄엽(碎葉)에서 출생했다는 설이 있다. 25세 때 촉 땅을 떠나 각지를 유랑하다 잠시 한림공봉(翰林供奉)의 벼슬을 지냈다. 안사(安史)의 난 와중에 야랑(夜郎)으로 유배되었으나 도중에 사면되었고, 당도(當涂)에서 생을 마쳤다. 그의 시는 호방하고 상상력이 풍부하며 자연스러워 낭만주의적인 색채가 짙다.

두보(杜甫, 712-770) 중국 당나라 때의 시인. 자는 자미(子美)이고 공현(鞏縣, 지금의 허난성 궁이시) 출신이다. 여러 차례 과거에 응시했으나 낙방하고 각지를 유랑하다, 안사의 난 와중에 좌습유(左拾遺)의 관직을 받았다. 어두운 사회 현실과 백성들의 고초를 시로 옮겨 '시사(詩史)'라 일컬어졌으며, 시를 쓰는 성인이라는 뜻의 '시성(詩聖)'으로도 추앙되었다. 1,400여 수에 달하는 많은 작품을 남겼으며, 저작으로 《두공부집(杜工部集)》이 전한다.

이하(李賀, 790-816) 중국 당나라 때의 시인. 자는 장길(長吉)이고 창곡(昌谷, 지금의 중국 허난성 이양) 사람이다. 당나라 왕실의 먼 후손이었으나 과거에 응시하지 못하고 봉례랑(奉禮郎)이라는 미관말직을 맡았다. 그는 풍부한 상상력을 발휘하고 신화와 전설을 빌려 환상적인 묘사를 즐긴 까닭에 '시귀(詩歸)'라는 별칭을 얻었다. 어려서부터 병약한 데다 관도(官途)에서 뜻을 이루지 못한 실망감에 우울한 나날을 보내다 26세에 요절했다.

이상은(李商隱, 812-858) 중국 당나라 때의 시인. 자는 의산(義山)이고 하내(河內, 지금의 중국 허난성 친양) 사람이다. 838년 과거에 급제하고 비서성(秘書省) 교서랑(校書郎), 홍농현위(弘農縣尉) 등을 지냈다. 100수를 헤아리는 '무제(無題)' 시에서 애정을 주제로 시인의 깊은 내면 세계를 드러내는 등 풍부한 함축미가 느껴지는 시어(詩語)와 암시와 상징으로 인해 형성되는 몽롱한 풍격이 두드러지는 시를 다수 창작했다.

이청조(李清照, 1084-1155) 중국 송나라 때의 시인. 호는 이안거사(易安居士)이고 산동성 제남(濟南) 사람이다. 소동파(蘇東坡)의 문인인 이격비(李格非)의 딸로, 이부시랑(吏部侍郎)을 지낸 조정지(趙挺之)의 아들 조명성(趙明誠)과 결혼했다. 남편과 함께 금석학(金石學)을 연구하며 단란한 한때를 보내기도 했으나, 남편이 과로로 사망한 이후에는 크게 생활고를 겪었다. 이 과정에서 느낀 여러 감정과 경험을 시에 고스란히 담아내 호평을 받았다.

육유(陸游, 1125-1210) 중국 송나라 때의 시인. 호는 방옹(放翁)이고 절강성 소흥(紹興) 사람이다. 34세에 관직에 나아가 생을 마감할 때까지 금나라에 항전할 것을 주장해 중국의 대표적인 애국 시인으로 칭송을 받았다. 육유는 평생 9천 편이 넘는 시를 남겼을 만큼 다작으로 유명하다. 시에 담은 소재가 풍부하고 다양하며, 사회 현실을 진솔하게 반영하면서도 독특한 상상력을 보여주는 작품이 많은 것이 특징이다.

방중현(方仲賢, 1585-1668) 중국 명말청초의 여류 시인. 자는 유의(維儀)이고 중국 안휘성 동성(桐城) 출신이다. 17세에 요손계(姚孫棨)에게 시집갔으나 본래 병약했던 남편은 불과 몇 달 후에 세상을 떠났다. 그들 사이에 얻은 딸도 돌이 되기 전에 죽어 그 후로 70여 년의 세월을 외로움 속에 보냈다. 방중현은 시, 글씨, 그림에 모두 뛰어나 동성 지역 여성 문단을 이끌었으며, 시문집으로《청분각집(淸芬閣集)》8권을 남겼다.

황종희(黃宗羲, 1610-1695) 중국 명말청초의 유학자. 자는 태충(太冲)이고 절강성 여요(餘姚) 사람이다. 명나라 말기에 만주족 군대가 쳐들어오자 마을의 청년을 모아 고향을 지켰고, 청나라가 들어서자 벼슬하지 않고 학문에만 정진했다. 명나라의 멸망을 지켜보며 그 원인을 분석한 책《명이대방록》으로 유명하다. 평생 천 편에 가까운 시를 지었으나 일부만 남기고 모두 없앴다고 한다. 그의 시에는 깊은 학문과 애국 정신이 잘 드러나 있다.

주샹(朱湘, 1904-1933) 중국 현대의 시인. 중국 후난성 위안링현(沅陵縣) 출신으로, 칭화대학을 졸업하고 미국 시카고대학, 오하이오대학 등지에서 서양 문학을 공부했다. 귀국 후 안후이대학에서 교편을 잡았다가 학교 측과의 충돌로 사직하고 전업 작가로 활동했다. 쉬즈모, 원이둬 등과 함께 격률시 운동에 참가하며 네 권의 시집을 통해 서정성이 강한 시 225편을 발표했다. 생활고와 투병으로 고생하다 30세의 젊은 나이에 투신으로 생을 마감했다.

다이왕수(戴望舒, 1905-1950) 중국 현대 시인. 다이왕수는 필명이고 본명은 다이차오안(戴朝安)이며 저장성 항저우 사람이다. 프랑스 상징주의의 영향을 받아 관념적이고 신비적인 시를 많이 창작했다. 잡지《현대》를 중심으로 작품 활동을 펼쳐 현대시파의 대표자 중 한 사람으로 꼽힌다. 홍콩으로 활동 무대를 옮긴 후에는 항전시를 다수 발표해 일본군에 붙잡혀 옥고를 치르기도 했다. 시집으로《망서초(望舒草)》등이 있다.

마쓰오 바쇼(松尾芭蕉, 1644-1694) 하이쿠 시인. 마쓰오 바쇼는 해학과 언어유희에 머물러 있던 하이쿠를 예술로 격상시킨 인물이다. 30대 중반에 하이쿠를 대표하는 시인이 되었으나, 세속의 부를 멀리하고 은둔 생활을 하다가 옛 선인들의 작품의 배경이 되는 곳을 찾아 방랑의 길을 떠났다. 대표적인 작품집으로는 도호쿠 지방을 여행하며 남긴《깊은 곳으로 가는 좁은 길(奥の細道)》등이 있다.

우에지마 오니쓰라(上島鬼貫, 1661-1738) 하이쿠 시인. '동에는 바쇼, 서에는 오니쓰라'라는 말이 있을 정도로, 우에지마 오니쓰라는 당대 하이쿠의 대가인 바쇼에 버금가는 인물로 거론된다. 오니쓰라는 구어를 구사한 솔직한 내용을 하이쿠로 썼으며, 이런 그의 시풍은 당대에 많은 영향을 미쳤다. 대표적인 작품집으로는《혼잣말(獨言)》등이 있다.

고바야시 잇사(小林一茶, 1763-1828) 하이쿠 시인. 고바야시 잇사는 마쓰오 바쇼, 요사 부손과 더불어 일본 근세를 대표하는 하이쿠 시인으로 꼽힌다. 세 시인의 독창적인 시풍은 바쇼는 '도(道)', 부손은 '예(藝)', 잇사는 '생(生)'으로 표현된다. 잇사는 어린 시절 어머니를 여의고 오랜 시간 고향을 떠나 생활했으며, 아버지의 죽음과 새어머니와의 상속 분쟁, 아이가 모두 일찍 병사하는 등 고단하고 험난한 삶을 살았는데, 그의 작품은 자신의 삶과 밀착한 내용을 담고 있다. 대표적인 작품집으로《아버지의 임종일기(父の終焉日記)》,《7번일기(七番日記)》등 다수가 있다.

마사오카 시키(正岡子規, 1867-1902) 하이쿠 시인. 마사오카 시키는 근대 하이쿠 예술을 집대성한 인물이다. 대학 시절 결핵이 발병했는데, 병상에서 하이쿠 연구와 창작에 몰두했다. 하이쿠 잡지《불여귀(ホトトギス)》를 발간하고, 이를 기반으로 하이쿠 혁신 운동을 전개했으며, '하이쿠'라는 용어를 만들었다. 죽음에 임한 마음을 담담하게 토로한〈먹물 한 방울(墨汁一滴)〉,〈병상육척(病牀六尺)〉등이 있다.

이라코 세이하쿠(伊良子清白, 1877-1946) 시인이자 의사. 이라코 세이하쿠는 전원의 풍경을 서정적으로 그린 작품을 주로 창작했다. 그는 어린 시절 어머니를 여의고, 성인이 된 후 오랜 시간 방랑의 삶을 살았다. 이로 인해 그의 작품에는 어머니에 대한 그리움과 정처 없이 떠도는 이의 상황과 심정이 자주 등장한다. 시집은 생전에 발간한《공작선(孔雀船)》이 유일하다.

요사노 아키코(与謝野晶子, 1878-1942) 시인이자 작가, 사상가. 요사노 아키코는 여성 신체의 아름다움과 청춘의 사랑을 노래한《헝클어진 머리(みだれ髪)》를 발간하며 근대 낭만주의 시가의 주역으로 자리한다. 그녀는 관념적인 낭만성에 머물지 않고 이후 현실 비판적인 시를 다수 발표하며 진보적인 문학가이자 사회운동가로 활동한다. 고전 작품 번역 및 여성의 자립과 교육 문제에도 관심을 가졌으며, 이와 관련하여 다수의 글을 발표했다.

기타하라 하쿠슈(北原白秋, 1885-1942) 시인이자 동요 작가. 기타하라 하쿠슈의 시 세계는 초기 프랑스 상징주의를 위시한 서구적 시적 지향에서 시작해 이후 고전적인 시형에 이국적이고 도회적인 정서를 접목하는 형태로 변화한다. 그는 보들레르 등 세기말적 정서에 영향을 받은 작품이 주를 이루는 첫 시집《사종문(邪宗門)》과 고향 풍경을 배경으로 유년기의 추억을 노래한 두 번째 시집《추억(思ひ出)》을 발간하며 일본 근대 문단을 대표하는 시인으로 자리한다. 시뿐만 아니라 동요, 민요 창작에도 적극적이었으며, 방대한 양의 작품을 남겼다.

이시카와 다쿠보쿠(石川啄木, 1886-1912) 시인. 이시카와 다쿠보쿠의 시는 풍부한 감수성을 바탕으로 인간 본연의 슬픔과 고독을 그린 작품이 주를 이루며, 현실 문제를 직시하고 이에 대한 비판적 시각을 견지한 작품도 존재한다. 그는 가난한 사람에 대한 깊은 사랑과 인간의 비참함을 평이한 어조로 솔직하게 노래했다. 대표적인 시집으로 《한 줌의 모래(一握の砂)》, 《슬픈 장난감(悲しき玩具)》 등이 있다.

하기와라 사쿠타로(萩原朔太郎, 1886-1942) 시인이자 평론가. 하기와라 사쿠타로는 근대 구어자유시를 완성한 인물 중 한 명으로, '일본 근대 시의 아버지'로 명명되는 시인이다. 우울과 관능적 이미지를 감각적인 언어로 묘파한 작품을 다수 창작했으며, 이를 통해 근대 시의 새로운 지평을 열었다는 평가를 받는다. 대표적인 시집으로 《달에 짖다(月に吠える)》, 《푸른 고양이(青猫)》 등이 있다.

미야자와 겐지(宮沢賢治, 1896-1933) 시인이자 동화작가. 미야자와 겐지의 삶은 농민의 비참한 처지에 대한 연민과 불교에 대한 지속적인 관심을 토대로 하며, 그의 작품에는 인간과 자연, 우주에 대한 따뜻한 시선이 자리한다. 생전에 시집 《봄과 수라(春と修羅)》와 동화집 《주문이 많은 요리점(注文の多い料理店)》을 발간했으나, 당대에는 주목을 받지 못했다. 사후에 작품이 재평가받으며 대중적인 사랑을 받게 되었고 일본을 대표하는 시인이자 작가로 자리매김하게 된다.

야기 주키치(八木重吉, 1898-1927) 시인. 야기 주키치는 기독교 신자로, 기독교 신앙과 자연을 소재로 한 짧은 시를 주로 창작했다. 그리고 자신의 삶을 진솔하게 그린 작품도 있는데, 아내와 딸, 그리고 어머니가 빈번하게 등장한다. 생전에 시집 《가을 눈동자(秋の瞳)》를 발간했으며, 사후에 《가난한 신도(貧しき信徒)》가 간행되었다.

가네코 미스즈(金子みすゞ, 1903-1930) 시인. 가네코 미스즈는 아동을 대상으로 한 시를 주로 창작했다. 바다와 산 등 자연을 제재로 한 시가 주를 이루며, 소소한 일상을 배경으로 한 작품도 다수 창작했다. 간결하고 친근한 어조로, 대상을 향한 따뜻한 시선이 시의 근간을 이룬다. 그녀의 시는 사후에 전집의 형식으로 발간되었고, 노래로도 많이 불리고 있다.

나카하라 주야(中原中也, 1907-1937) 시인이자 번역가. 나카하라 주야는 프랑스 상징주의 시의 영향을 받아 시 창작과 번역을 시작했으며, 청춘의 고독과 윤리적 실존에 대한 사유가 그의 시 세계를 관류한다. 특히 사랑과 죽음, 청춘과 비극이 시의 중심 제재로 자리한다. 생전에 발간한 시집은 《염소의 노래(山羊の歌)》가 유일하며, 사후에 《지난날의 노래(在りし日の歌)》가 발간되었다.

사가와 지카(左川ちか, 1911-1936) 시인이자 번역가. 사가와 지카는 모더니즘 시인으로, 당시 여성이 주로 다룬 생활이 아닌 감각적인 이미지로 시를 창작했다. 그녀의 작품에는 죽음과 질병의 이미지가 많이 등장한다. 도쿄 문단에 진출해 《시와 시론(詩と詩論)》 등

에 작품을 발표하며 당대 주요 문인들로부터 주목을 받았으나, 병으로 짧은 생을 마감했다. 생전에 발간한 것으로는 제임스 조이스의 번역 시집 《실내악(室楽)》이 유일하며, 사망 후 시집이 간행되었다.

윌리엄 셰익스피어(William Shakespeare, 1546-1616). 〈햄릿(Hamlet)〉(1601), 〈리어 왕(King Lear)〉(1605), 〈로미오와 줄리엣(Romeo and Juliet)〉(1595) 등의 희곡을 남긴 셰익스피어는 영국 문학뿐 아니라 세계 문학에서도 가장 위대한 작가로 추앙받아 왔다. 셰익스피어 이후의 모든 작가들이 그에게서 영향을 받았다. 수록한 시는 셰익스피어가 1609년에 출간한 《소네트 시집》(총 154편)에 실렸다. 셰익스피어는 선배 작가인 스펜서(Spenser)를 따라 3개의 4행시(quatrain)와 1개의 2행 연구(couplet)로 소네트를 구성하면서도 압운 형식(rhyme scheme)은 달리했다. 그가 창안한 소네트 형식을 셰익스피어식 소네트라고 부른다. 이후 많은 시인들이 셰익스피어식으로 소네트를 창작했다.

벤 존슨(Ben Johnson, 1572-1637) 셰익스피어만 없었다면 벤 존슨은 르네상스 시대 최고의 작가로 기억되었을 것이다. 셰익스피어와 동시대 인물인 존슨은 한미한 집안 출신으로 대학 교육은 받지 못했으나 당대 최고의 지식인이 되었다. 젊은 시절엔 벽돌공으로 일하고 군인이 되어 해외 전쟁에 참전하기도 하는 등 다양한 인생 경험을 쌓았다. 존슨은 연극 배우로 활약하다 극작가로 전향한 후 많은 인기작을 썼는데, 대표작으로는 《볼포네(Volpone)》(1606)와 《연금술사(The Alchemist)》(1610)가 있다. 시와 비평에도 뛰어났다. 국왕 제임스 1세의 총애를 받아 영국 최초의 계관시인이 되었다. 〈내 첫 아들에게〉는 1603년 아들 벤저민이 7살의 나이에 죽자 쓴 시이다.

존 던(John Donne, 1572-1631) 영국 런던에서 출생한 던은 가톨릭 교도로 성장했으나 영국 국교로 개종한 후엔 국교회 목사가 되고 성 바울로 교회 부감독의 직위에까지 오른다. 명(名)설교자로서 국왕 앞에서도 설교했다. 젊은 시절엔 페트라르카풍 사랑시의 상투적인 표현과 이미지를 배격하고, 도무지 어울릴 것 같지 않은 대상들을 기발하고 신선한 비유(conceit)로 연결시킨 사랑시들을 많이 썼다. 그러나 국교회 목사가 된 이후엔 종교시 창작에 전념한다. 〈죽음이여, 거만 떨지 말라〉도 그런 종교시 중 하나이다. 17세기 영국의 형이상학파 시를 대표하는 시인이며, T. S. 엘리엇을 비롯한 20세기 전반 모더니즘 시인들에게도 심대한 영향을 주었다.

존 밀턴(John Milton, 1608-1674) 밀턴은 셰익스피어와 함께 영국 문학의 양대 거봉으로 일컬어져 왔다. 10대에 이미 탁월한 시재(詩才)를 드러낸 밀턴은 케임브리지대학 재학 시절 시인이 되어 신과 조국인 영국에 영광을 돌리고 모국어인 영어를 드높이겠다는 꿈을 품게 된다. 이렇듯 자신의 시적 재능으로 신과 조국에 봉사하겠다는 밀턴의 결심은 이후 그의 삶과 문학적 여정에 큰 영향을 끼쳤다. 많은 양의 독서와 집필 작업으로 1652년 시력을 상실했고, 그렇게 눈이 안 보이는 상태에서 구술로 완성한 《실낙원(Paradise Lost)》(1667)은 12편으로 구성된, 총 1만 5백 행에 이르는 장편 시이다. 《실낙원》은 영국 문학사에서 가장 탁월한 서사시로 꼽힐 뿐만 아니라 유럽의 서사시 문학에서도 독보적인 위치를 차지하고 있다.

윌리엄 워즈워스(William Wordsworth, 1770-1850) 영국의 낭만주의(1780-1830년경)를 대표하는 시인이다. 그가 서른 살 되던 1800년《서정가요집(Lyrical Ballads)》2판에 실은 서문(Preface)은 낭만주의 운동의 선언문으로 평가된다. 서문에서 워즈워스는 시의 소재를 농민과 목동 등 시골에서 사는 평범한 사람들의 일상에서 골랐다는 점, 시의 어휘 역시 이들이 일상에서 사용하는 말에서 골랐다는 점, 시의 언어와 산문의 언어는 본질적인 차이가 없다는 점 등을 설명한다. 또 모든 좋은 시는 "강렬한 감정의 자연스런 넘침"이고, 이 감정은 시의 소재가 되는 과거의 사건을 고요히 명상할 때 발생하는 것이라고 주장한다. 시는 보통 사람들의 진실한 감정을 그들이 일상에서 쓰는 언어로 표현해야 한다는 워즈워스의 주장은 이후의 시에 큰 영향을 주었다. 대표작으로는《서정가요집》외에 자신이 시인으로 성장한 여정을 서사시의 형식으로 읊은《서곡(The Prelude)》(1805)이 있다.

존 키츠(John Keats, 1795-1821). 18세기 말 대여업자의 아들로 태어난 키츠는 신분상의 제약 탓에 대부분의 영국 시인들과 달리 대학 교육을 받지 못했고, 폐결핵으로 만 스물다섯을 조금 넘기고 세상을 떠났다. 그러나 오늘날 키츠는 영국의 '주요' 시인들 중 한 명으로 꼽힐 정도로 탁월한 문학적 성취를 인정받고 있다. 외과의사의 자격증이 있었던 그는 의사로서 안정적인 삶을 살 수 있었으나, 시에 관심을 갖게 되면서 시작(詩作)을 자신의 전업으로 삼는다. 그가 1819년 봄에 쓴 송시(ode)들은 영어로 쓴 가장 아름답고 완벽한 시들로 평가받는다. 이웃집에 살던 패니 브론(Fanny Brawne)이라는 여성과 사랑에 빠져 약혼까지 했으나 요양을 위해 떠난 이탈리아 로마에서 숨을 거두었다.

앨프리드 테니슨(Alfred Tennyson, 1809-1892) 테니슨은 19세기 빅토리아 시대를 대표하는 시인이다. 그의 인생에서 가장 중요한 사건은 케임브리지대학 재학 시절 만난 친구 아서 H. 핼럼(Arthur H. Hallam)의 죽음이다. 핼럼은 테니슨의 시재를 알아보고 계속 시를 쓰도록 격려한 절친한 벗이었다. 그러나 핼럼이 22살의 나이에 급사하자 테니슨은 큰 실의와 절망에 빠진다. 테니슨이 친구의 죽음을 17년간 애도하며 쓴 장편시〈인 메모리엄(In Memoriam)〉(1850)은 그의 대표작이다.〈눈물이, 부질없는 눈물이〉에도 핼럼과의 추억과 그의 죽음에 대한 슬픔이 짙게 배어있다. 1850년부터 죽을 때까지 40년 넘게 계관시인으로 있으면서 높은 대중적 인기를 누렸다.

에밀리 디킨슨(Emily Dickinson, 1830-1886) 미국 문학사에서 가장 위대한 시인 중 한 명으로 꼽힌다. 매사추세츠주 애머스트의 아버지 집에서 은둔하며 평생을 독신으로 지냈다. 생전에는 단 7편을, 그것도 익명으로 발표했으나 사후에 1,700편이 넘는 시의 원고가 발견되었고 20세기 들어 모더니즘의 부상과 함께 문학적 성취를 높이 인정받았다. 자연의 동식물에 대한 섬세한 관찰과 죽음에 대한 사색을 담은 작품들이 많다. 디킨슨의 시는 대문자와 대시(dash)의 잦은 사용으로 전통 시의 문법과 운율을 파괴하는 한편, 간결하고도 압축적인 언어로 참신하면서 때로는 놀라운 이미지들을 창조한다.

앨프리드 에드워드 하우스먼(Alfred Edward Housman, 1859-1936) 하우스먼은 영국의 시인이자 탁월한 라틴 고전학자였다. 옥스퍼드대학 재학 시절 연정을 품었던 동성의 친구에게 거부당해 큰 좌절감을 겪었다고 전해진다. 라틴어 고전의 최고 권위자로 명성을 날렸으며, 런던 유니버시티 칼리지와 케임브리지대학에서 라틴어 교수로 재직했다. 《슈롭셔의 젊은이(〈A Shropshire Lad〉)》(1896)를 포함한 세 권의 시집을 남겼다.

로버트 프로스트(Robert Frost, 1874-1963) 20세기 미국 시를 대표하는 시인이다. 퓰리처 상을 네 차례 수상하고 존 F. 케네디 대통령의 취임식에서 자신의 시를 낭송한 그는 미국의 계관시인과 같은 존재였다. 어린 시절 뉴잉글랜드의 농장에서 성장하며 일한 경험은 그의 시의 주요 소재가 되었다. 프로스트의 많은 시가 농민의 삶과 자연을 다룬다. 우리나라에서는 특히 〈가지 않은 길(The Road Not Taken)〉이란 시가 유명하다. 부언하자면 이 시를 남들이 잘 가지 않는 길을 선택한 사람의 용기와 개척 정신을 찬미하는 시로 이해하는 경우가 많은데 이것은 오독이다.

윌프레드 오언(Wilfred Owen, 1893-1918). 오언은 제1차 세계대전 중인 1915년 군에 입대해 전장에 투입되었다. 전투 중 부상을 당해 며칠을 무의식 상태로 쓰러져 있었고, 영국 에든버러의 병원으로 후송돼 치료를 받던 중 시에 관심을 갖게 된다. 오언은 특히 낭만주의 시인 키츠의 영향을 깊이 받았다. 에든버러의 문인들과 교류하면서 시를 쓰던 그는 1918년 프랑스의 전선으로 복귀하나, 안타깝게도 종전 협정이 체결되기 일주인 전인 1918년 11월 4일 전사한다. 그의 시는 참호전과 독가스 살포 등 제1차 세계대전의 참상을 사실적으로 묘사한다. 이는 전쟁을 정당화하고 조국을 위해 싸울 것을 종용하던 당대의 애국주의적인 시들과 선명한 대조를 이룬다.

딜런 토머스(Dylan Thomas, 1914-1953) 영국 웨일스 출신의 시인이다. 10대부터 시를 쓰기 시작해 20대에는 재능 있는 시인으로 인정받았다. 1930년대를 대표하는 시인 중 한 명이다. 제2차 세계대전 이후 여러 차례 미국을 여행하며 강연과 시 낭송을 했다. 깊은 울림이 있는 목소리가 인상적인 그의 시 낭송은 특히 대중에게 인기가 높았다. 뉴욕에 체류 중일 때 지나친 음주와 과로가 원인이 되어 숨을 거두었다. 우리나라에서 토머스는 영화 〈인터스텔라〉에서 브랜드 교수(앤 해서웨이가 연기한 아밀리아 브랜드 박사의 아버지)가 〈점잖게 저 영원한 밤으로 들어가지 마세요〉를 낭송하면서 이름이 많이 알려졌다. 이 시는 인터넷에 토머스 자신의 낭송도 남아있으니 들어보길 권한다.

월리스 스티븐스(Wallace Stevens, 1879-1955) 미국 펜실베이니아주 출신으로 하버드대학을 졸업한 후 변호사가 되었다. 보험회사의 사내 변호사로 취직하여 부사장 직위까지 올랐다. 시는 여가 시간에 썼는데 자신의 회사 업무와 시작(詩作) 활동을 엄격히 구분하여 회사 동료들은 그가 시를 쓴다는 사실조차 알지 못했다고 한다. 〈아이스크림의 황제〉에서 잘 드러나듯 간결한 언어와 심오한 은유, 생생한 이미지 등이 그의 시의 특징이다. 1955년 퓰리처 상을 수상했다. 미국의 모더니즘을 대표하는 시인으로 평가받는다.

크리스티안 호프만 폰 호프만스발다우(Christian Hoffmann von Hoffmannswaldau, 1616-1679) 브레슬라우 출생으로 이 도시는 30년 전쟁의 전화에서 벗어나 있었기 때문에 시인은 평화로운 유년기를 보낼 수 있었다. 바로크 전성기의 대표적인 시인이다. 당대의 다른 시인들과 마찬가지로 마르틴 오피츠의 규범시학을 따라 주로 소네트 형식의 시를 많이 썼다. 시의 중요 테마는 바로크에서 일반적인 인생무상의 사고와 에로틱이다.

프리드리히 클롭슈토크(Friedrich Gottlieb Klopstock, 1724-1803) 바로크와 고전주의 사이 시기에 활동했던 독일의 시인, 산문작가, 시인 그리고 극작가이다. 변호사 집안에서 태어나 기독교 경건주의 교육을 받고 자랐다. 예나와 라이프치히에서 신학을 공부했다. 취리히, 코펜하겐 등지에서 가정교사로 일했다. 독일 비합리주의와 체험 문학의 토대를 놓은 인물이다. 견자(見者)로서의 시인 개념도 그에게서 유래한다. 대표작으로 〈봄의 축제〉(1759)가 있다.

요한 볼프강 폰 괴테(Johann Wolfgang von Goethe, 1749-1832) 독일의 대문호. 1522년 루터가 성경 번역으로 표준화한 독일어를 일약 세계적 문학어 반열에 올려놓은 작가로 평가받는다. 체험을 문학의 기본으로 삼아 이른바 '교양소설'을 모범적으로 구현하였다. 바이마르 공국의 재상으로 일하기도 하였으며 2년 가까운 이탈리아 여행을 통해 문학에 새로운 눈을 떠 1786년 이후 실러와 함께 독일 고전주의 시대를 열었다. 대표작으로《젊은 베르테르의 슬픔》,《빌헬름 마이스터의 수업시대》,《파우스트》 등이 있다.

노발리스(Novalis, 1772-1801) 독일 낭만주의의 대표적 시인으로 본명은 게오르크 필리프 프리드리히 폰 하르덴베르크이다. 엄격한 경건주의적 가정교육을 받고 실러, 셸링, 횔덜린 등 당대의 지성들과 교류하며 생각의 지평을 확장했고, 이것이 낭만주의 문학의 무한한 확장성에 기여했다. 특히 조피 폰 퀸과의 만남과 약혼, 그녀의 이른 죽음이 그를 삶과 죽음의 경계를 초월한 낭만적 시인으로 만들어주었다. 대표작으로《밤의 찬가》,《푸른 꽃》,《기독교 또는 유럽》 등이 있다. 프랑스의 상징주의자들이 그의 작품에서 많은 영향을 받았다.

루트비히 울란트(Ludwig Uhland, 1787-1862) 튀빙겐 출신. 독일 남서부의 슈바벤파를 대표하는 시인이자 독문학자로 중세 연구에서 이름을 남겼으며, 튀빙겐대학 독문학과 교수(1829), 독일의회 의원(1848) 등을 역임했다. 튀빙겐 신학교 재학 시절 산책을 즐겼으며 튀빙겐 시청에서 출발하여 호엔튀빙겐 성을 거쳐 부름링거 예배당을 찾아가는 길이 그 주된 코스였다. 대표시로 〈예배당〉과 〈좋은 전우〉가 있다. 〈좋은 전우〉는 지금도 독일 군대에서 장례의식에서 많이 쓰이고 있다.

프리드리히 뤼케르트(Friedrich Rückert, 1788-1866) 시인, 언어학자, 번역가, 독일 최초의 동양학 교수. 44개 외국어에 능통한 언어의 천재였다. 평생 1만 편 이상의 시를 썼고 많은 시가 노래로 작곡되었다. 감정 과잉의 낭만주의와 달리 소박하고 담백한 시어가 특징이다. 독일 최초로 코란 번역을 통해 시적인 향취가 풍기는 코란의 이미지 언어를 독일어에 심으려고 하였다. 시집으로《브라만의 지혜》가 있다. 박사 학위 논문에서 독일어가 세계의 다른 언어를 번역하는 데 탁월한 능력을 지녔다고 주장했다. 가장 널리 알려진 작품으로 구스타프 말러에 의해 작곡된 〈나 세상에서 잊혔네〉가 있다.

하인리히 하이네(Heinrich Heine, 1799-1846) 독일 시단에서 일상어를 처음으로 도입한 시인이다. 낭만주의적인 시풍 속에 현실 비판의 발톱을 숨겨 가지고 있다. 시적 아이러니를 가장 잘 구사한 시인으로 평가된다. 이 중심에는 개인의 인간성 회복을 위한 몸부림이 자리하고 있다. 초기의 연애시 분위기는 청년독일파 움직임을 거치면서 파리 망명 시절의 정치적 색깔이 농후한 쪽으로 넘어간다. 대표작으로《노래의 책》,《독일. 겨울동화》,《여행화첩》,《로만체로》 등이 있다.

에두아르트 뫼리케(Eduard Mörike, 1804-1875) 슈바벤파 시인으로 목사 일을 하면서 시를 썼다. 성직자 일을 싫어하여 나중에는 슈투트가르트 여학생 김나지움의 문학 교사를 지냈다. 정치 현실에서 거리를 두고 개인적 행복을 추구하던 비더마이어적 전원시인으로서 입체적으로 명징하고 음악성이 강한 작품을 지었다. 그의 작품은 자연스럽고 소박한 것이 특징이다.《시집》 외에 예술가 소설《화가 놀텐》과 단편 〈프라하로 여행하는 모차르트〉를 남겼다. 당시 이미 미쳐있던 횔덜린을 튀빙겐의 거처로 찾아가기도 했다.

프리드리히 니체(Friedrich Nietzsche, 1844-1900). 현시대에 가장 큰 영향을 끼치고 있는 독일의 철학자이자 시인이다. 아버지가 목사로 있던 뢰켄의 교회에서 세례를 받았으나 훗날 '신의 죽음'을 외치는 역설적 인물이 되었다. 25살의 나이로 스위스 바젤대학의 고전문헌학 교수로 임용되었으나 건강 악화로 10년 만에 퇴직하고 이탈리아, 남프랑스 등의 요양지로 다니며 집필에 전념했다. 이데올로기에서 벗어난 순수한 인간성을 외치고 지상의 삶을 사랑하였다. 정신착란 증세에 시달리다 일찍 세상을 떴다. 대표작으로《비극의 탄생》,《차라투스트라는 이렇게 말했다》,《즐거운 학문》《선악의 저편》 등이 있다.

라이너 마리아 릴케(Rainer Maria Rilke, 1875-1926) 오스트리아 시인. 당시 오스트리아령이던 보헤미아 출신으로 독일의 현대 서정시를 완성했다는 평가를 받는다. 특히 '사물시'로 일컬어지는 그의 중기 작품으로 독일 시사상 중요한 획을 긋는다. 그의 작품에서는 방랑과 체험이 가장 중요한 요소를 이룬다. 대부분 작품에서 인간 존재와 언어에 대한 고민을 엿볼 수 있다. 작품으로《기도시집》,《형상시집》,《신시집》,《말테의 수기》,《두이노의 비가》 등이 있다.

헤르만 헤세(Hermann Hesse, 1877-1962). 독일 슈바벤 지방의 소도시 칼프 태생으로 기독교 집안에서 엄격한 교육을 받으며 성장했다. 아버지의 뜻에 따라 마울브론 수도원 학교에 입학했으나 틀에 박힌 종교 교육에 맞서 그곳에서 뛰쳐나왔다. 인간성을 말살하는 사회적 분위기에 저항하였다. 인간적인 개성의 추구와 인간 내면의 탐구가 그의 문학적 주제를 이룬다. 대표작으로《수레바퀴 아래서》,《데미안》,《싯다르타》 등이 있다.《유리알 유희》로 1964년에 노벨문학상을 수상하였다.

게오르크 트라클(Georg Trakl, 1887-1914) 독일 표현주의 서정시의 대표적 시인이다. 조형적인 아름다움과 우수가 특징이다. 베를렌, 랭보 등 프랑스 상징주의 시인들의 영향을 받았다. 어린 시절부터 우울증을 앓았고 누이동생 마르가레테와의 근친상간으로 정신적으로 고통을 느끼며 그것이 죄가 되지 않는 원초적 세계를 동경하였다. 시에서 색채를 많이 사용하여 표현주의 화가들의 그림을 연상시킨다. 제1차 세계대전 참전 중 전쟁의 참혹성을 이기지 못하고 코카인 과다 복용으로 사망했다. 대표작으로《시집》,《꿈속의 제바스티안》이 있다.

크리스티안 모르겐슈테른(Christian Morgenstern, 1871-1914). 강한 실험정신에 기반한 독특한 서정시를 썼다. 시의 내용은 사색적이고 다분히 신비주의적이다. 코믹하고 유머러스한 서정시로 인기를 끌었다. 사실 시인 자신은 진지하게 쓴 작품들이 인정받기를 바랐으나 작품 분량에서 훨씬 수가 적은 재치 있는 작품들이 그에게 명성을 가져다주었다. 대표시집으로《교수대의 노래》가 있다.

파울 첼란(Paul Celan, 1920-1970). 루마니아의 체르노비츠의 유대인 가문에서 태어났으며 본명은 파울 안첼이다. 20세기 독일의 대표적 시인으로 일컬어진다. 언어와 소통에 대한 성찰과 극한 경험(홀로코스트)의 형상화가 주된 시적 주제를 이룬다. 강제수용소의 실상을 다룬 〈죽음의 푸가〉가 널리 알려져 있다. 대표 시집으로《유골함 속의 모래》,《양귀비와 기억》이 있다.

고트프리트 벤(Gottfried Benn, 1886-1956) 대학에서 의학을 전공하고 전쟁 중에는 군의관으로 활동하면서 시를 썼다. 시에서 의학적인 주제를 많이 다루었다. 대표 시집으로《시체공시소》가 있다. 이 시집으로 표현주의를 좋아하던 독자층의 대폭적인 지지를 받았다. 1948년 이후에는 언어실험적인 시들, 이른바 "정시(靜詩)"를 통해 새로운 명성을 얻었다. "정시"란 역사와 이데올로기에 물들지 않은 가치중립적인 시, 수학 공식과 같은 시를 말한다.

프랑수아 비용(François Villon, 1431-1463) '저주받은 시인들의 조상'으로 불리는 중세 말기 프랑스 시인. "자신과 자기 시대의 불행을 구체적으로 표현함으로써 근원적인 비극성을 새롭게 주시"했던 지극히 현대적이었던 중세 시인이다. 1452년 파리대학을 졸업한 후 자유문예학과 선생이 되었지만, 교회 신부를 살해하고 도피를 했다가 사면을 받았고, 절도 사건에 연루되어 영원히 떠도는 삶을 살았다. 대표작인《유언시집》은 후회와 분노, 희망과 조롱의 어조로 가득하다. 가난과 반복되는 실패 그리고 죽음을 앞둔 인간의 처절하고 혼란스런 외침을 들려주며 개인적 서정성의 깊이를 확장했다. 1463년 파리에서 추방된 이후의 생애는 알려진 바가 없다. 근대 서정시의 문을 연 보들레르를 예고하는 중세 시인으로 평가받고 있다.

모리스 세브(Maurice Scève, 1501-1564) 르네상스 시기에 프랑스 리옹에서 활동한 시인. 대표작품인《델리. 지고한 미덕의 대상》(1544)은 숭고한 사랑의 아픔을 프랑스어로 옮길 수 있는 가능성을 제시한 것으로 평가받는다. 플라톤과 페트라르카의 영향을 받은《아리옹》(1536)과《소우주》(1562) 등의 작품을 통해 사랑에 버림받은 자의 벗어나기 힘든 정신적 번민을 노래했다. 모호하지만 깊이 있는 난해한 글쓰기로 인해 '16세기의 말라르메'로 불린다.

피에르 드 롱사르(Pierre de Ronsard, 1524-1585) 프랑스 르네상스 시인. 시의 전통을 혁신하며 시적 언어의 가치와 시인의 역할에 대한 새로운 인식을 불러일으켰다. 오드와 소네트를 비롯하여 엘레지, 서사시, 찬시, 논설시 등의 다양한 장르를 개척했고, 사랑, 전쟁, 우정, 죽음, 역사, 정치, 우주 등의 여러 소재를 다루었다. 생존 시에 이미 "시인들의 왕자"라는 명성을 얻었다.《카상드르에 대한 사랑시집》,《찬송시집》,《이 시대의 비참에 대한 논설》 등 매우 많은 작품이 있으며, 생존 시에《전집》을 여러 차례 간행하며 불멸하는 시인의 명예를 추구했다.

필리프 데포르트(Philippe Desportes, 1546-1606) 롱사르의 뒤를 이어 '궁정시인'의 자리에 오른 프랑스 르네상스 후반기에 활동한 시인. 세련된 문화의 형성을 추구했던 시기에 페트라르카에게서 영향을 받아 간결하면서도 부드러운 시를 소개했다. 그로 인해 웅장하고도 비장한 시를 쓰면서 새로운 시인의 비전을 추구했던 롱사르와 같은 시인들로부터 인위성을 선호한 시인이라는 비판을 받았다. 파격적인 새로운 시적 시도보다는 조화와 균형을 지닌 비교적 편안한 시의 양상을 제시했다. 종교전쟁의 비극을 경험한 후 사회적 안정을 추구했던 16세기 후반기의 프랑스 사회를 시적 언어로 구현해 낸 시인이다.

장 드 라퐁텐(Jean de La Fontaine, 1621-1695) 17세기 프랑스 고전주의를 대표하는 시인.《보바리 부인》의 작가 귀스타브 플로베르에 따르면 빅토르 위고 이전에 유일하게 프랑스어의 빼어난 질감을 제대로 사용했던 유일한 시인이다. 불후의 명성을 얻게 해준《우화시집》은 인간의 다양한 모습과 삶에 대한 생생한 사실적 장면을 통해 서정성과 풍자, 감탄과 조롱, 칭찬과 비난 등이 서로 결합된 독특한 시의 양상을 제시한다. 라퐁텐은 아동작가로 널리 알려져 있지만, 그의《우화시집》은 인간의 진실을 간직한 모든 것에 대한 감동적인 이야기를 창조하는 시인의 깊은 세계관을 담고 있다.

앙드레 셰니에(André Chénier, 1762-1794) 프랑스 전기 낭만주의 시인. 이스탄불에서 태어나 파리에서 사망했다. 관능적이면서도 풍부한 정서와 부드러운 감수성을 통해 낭만주의의 시작을 예고했다. 프랑스대혁명 시기에 공포정치를 감행했던 자코뱅파에 대립했다가 국가반역죄를 선고받고 단두대의 이슬로 사라졌다. 그리스 서정시의 영향을 받아 청명하면서도 우아한 아름다움을 지닌 작품들을 썼다. 후에 낭만주의와 파르나스 시인들로부터 인정을 받았다.《목가집》,《비가집》, 그리고 수감 중에 쓴《풍자시》 등이 있다.

빅토르 위고(Victor Hugo, 1802-1885) 19세기 프랑스를 대표하는 작가.《레 미제라블》의 소설가로 널리 알려져 있지만, 위고는 시인이자 극작가였으며 보수주의자 자유주의 그리고 공화주의적인 성향을 차례로 드러낸 정치인이기도 했다. 이미 10대 중반에 프랑스를 대표하는 문호가 될 것을 결심했던 그는 고전주의에 맞선 낭만주의 작가들을 이끈 문단의 뛰어난 선배였으며, 1851년 나폴레옹 3세의 집권에 반대한 이유로 19년 동안 국외로 추방당하기도 했다. 인류의 진보에 대한 낙관적 신뢰를 지녔으며, 서정적이면서도 웅장함을 지닌 시적 어조 덕분에 그는 19세기를 빛낸 가장 위대한 시인으로 인정을 받았다. 1885년 그가 사망하자 프랑스는 국장으로 그의 업적을 기렸으며, 유해는 팡테옹에 안장되었다.

샤를 보들레르(Charles Baudelaire, 1821-1867) 프랑스 상징주의 시인. 19세기를 살았던 가장 현대적인 시인이자 뛰어난 비평가이다. 1857년 출간한 대표작《악의 꽃》으로 인해 풍기문란 죄로 기소되기도 했다. '우울과 이상', '파리풍경', '술', '악의 꽃', '반항', '죽음' 등 여섯 부로 구성된 이 시집은 악과 혼돈 속에서 체험하는 모든 예술적 질서가 창조와 연관되어 있음을 노래한다. 예술의 위계에 의문을 제기하고 전통을 전복하면서 독보적인 창작 세계를 펼쳐 보였다.《인공낙원》,《파리의 우울》 등의 작품을 남겼다.

제라르 드 네르발(Gérard de Nerval, 1808-1855) 프랑스 낭만주의 시인. 남부 출신의 한 남자가 발루아 지방에 정착한 가문의 처녀와 결혼하여 한 아이를 낳았고, 아이를 발루아 지방의 어느 유모에게 맡기고 나폴레옹을 따라 아내와 함께 전장으로 떠났다. 부모가 누군지 모르는 네르발의 삶은 광기의 연속이었고, 오렐리아라는 한 여인에 대한 환상에 사로잡힌 병적인 삶을 보냈다. 1855년 2월의 어느 새벽, 파리의 으슥한 골목에서 목매어 자살했다. 신비주의와 낭만주의, 상징주의와 초현실주의의 모든 씨앗들이《실비》,《불의 딸들》,《오렐리아》와 같은 작품들에서 발견된다. 오늘날 '가장 프랑스적인 서정 시인'의 한 명으로 인정받는다.

아르튀르 랭보(Arthur Rimbaud, 1854-1891) 보들레르 이후에 활동한 프랑스 상징주의를 대표하는 시인. 짧은 문학 생애를 통해 독창적인 시 세계를 탐색했다. 15세 때 처음 시를 간행하면서 문단에 반향을 일으켰다. 현실을 해체하여 더욱 높은 시의 현실을 구축하는 시적 모험을 감행한 방랑과 반항의 시인이다. '투시자(voyant)'로서의 시인을 제시하면서 시에 대한 기존의 관점을 혁신했다. 베를렌과의 동성애로도 유명하다.《지옥에서의 한 철》,《일뤼미나시옹》 등의 시집을 남겼다.

스테판 말라르메(Stéphane Mallarmé, 1842-1898) 프랑스 19세기 후반기의 시인. 프랑스 상징주의 시단을 주도했다. 보들레르의 영향을 받아 작품 활동을 시작했지만, 존재와 언어의 순수성에 대한 고행에 가까운 집념으로 암시적이고 음악적인 순수부정의 시법을 구상하며 독자적인 길을 개척했다. 현실의 우연성이나 존재의 부조리를 거부하고 필연적인 질서를 갖춘 언어세계를 구축하려고 시도했다. 에드거 앨런 포의《갈까마귀》를 프랑스어로 번역했으며, 폴 발레리, 앙드레 지드, 폴 클로델 등 20세기 전반의 프랑스 작가들에게 많은 영향을 끼쳤다. 대표 시집으로는《시집》,《주사위 던지기》 등이 있다.

레미 드 구르몽(Rémy de Gourmont, 1858-1915) 19세기 후반기 프랑스 시인. 영향력을 지닌

저널리스트이자 비평가이기도 하다. 출판업자 가문에서 태어난 그는 법학과를 졸업했지만, 고대 역사와 문학에 이끌려 관련 기사들을 신문에 연재하였다. 어린 시절을 다룬 소설로 명성을 얻었으며, 위스망스, 말라르메 등을 비롯한 당시의 뛰어난 작가들과 교류를 쌓았다. 블레즈 상드라르, 조르주 바타유 등에게 많은 영향을 끼쳤다. 삼십대 초반부터 앓고 있던 낭창염으로 인해 얼굴이 추하게 변해가자 대외활동을 끊고 창작 활동을 이어갔다. 신경무력증에 뒤이은 뇌일혈로 사망했다. T. S. 엘리엇은 그를 "우리 시대의 비평의식"이라고 불렀다.

폴 엘뤼아르(Paul Eluard, 1895-1952) 앙드레 브르통, 루이 아라공 등과 함께 프랑스 초현실주의를 이끈 대표적 시인. 단순하고 일상적인 이미지들과 친숙한 어휘들을 결합하면서도 시의 암시적 효과를 극대화했다. 피카소 등 당대의 화가들과 긴밀히 교류했으며, 스페인 내전 때 레지스탕스로 활약하기도 했다. 《고뇌의 수도(首都)》, 《사랑은 시다》, 《시와 진실》, 《불사조》 등 많은 작품을 남겼다. 국내에서는 〈자유〉의 시인으로도 잘 알려져 있다.

자크 프레베르(Jacques Prévert, 1900-1977) '일상의 시인'이라고 불리면서 대중적인 명성을 얻었던 시인. 단막극, 장시, 영화 시나리오, 대중가요 가사 등 다양한 분야의 창작 활동에도 전념했다. 친근하고 해학적인 말장난으로 '대중시'의 영역을 개척했다. 대중이 쉽게 접할 수 있는 시의 형태와 난해하지 않은 기교를 통해 대중의 언어와 결합하는, 그러나 깊은 성찰을 갖게 만드는 설득적인 웅변성이 특징이다. 많은 시를 썼지만 스스로 '시인'으로 자처하지는 않았다. 첫 시집인 《말》은 그가 마흔여섯 살이 되던 해에 출간되었다. 인간의 본질적 욕구, 충동 그리고 기쁨을 위해 쓴 시에는 노골적이지 않은 반항과 거부의 몸짓 그리고 생명에 대한 강한 의지가 담겨있다.

이타의 수석사제 후안 루이스(Juan Ruiz, Archipreste de Hita, 1283-1350) 스페인 중부의 소도시 이타(Hita)의 수석사제(Archipreste)를 역임하였으며, 1330년 스페인 사제문학(Mester de clerecía)을 대표하는 《좋은 사랑의 노래(El libro de buen amor)》를 썼다. 1,700행이 넘는 《좋은 사랑의 노래》는 여성들과의 은밀한 로맨스를 갈망하는 젊은 사제 돈 멜론 데 라 우에르타(Don Melón de la Huerta)의 탈선과 방황, 회심의 모습을 통해 당시 스페인 사회의 풍습과 도덕관, 여성상, 만연한 교회의 위선과 부패를 풍자적으로 비판하였다.

호르헤 만리케(Jorge Manrique, 1440-1479) 스페인의 유서 깊은 대귀족(Grandeza de España) 가문 출신으로, 스페인 3대 조가(弔歌)로 평가받는 〈아버지의 죽음에 바치는 시(코플라)〉(1476)를 썼다. 이 작품은 시인의 아버지이자 스페인 최고 기사단인 산티아고 기사단 단장이며 당시 스페인의 최고 실력자였던 로드리고 만리케(Rodrigo Manrique, 1406-1476)의 죽음을 애도하며 쓴 추모 시이다. 호르헤 만리케는 스페인 중세 문학과 르네상스 문학, 귀족문학과 대중문학을 연결하는 징검다리 역할을 하며 후대의 시인들에게 큰 영향을 행사하고 있다.

가르실라소 데 라 베가(Garcilaso de la Vega, 1503-1536) 스페인 소네트의 황태자라는 평가를 받는 가르실라소 데 라 베가는 스페인 대귀족(Grandeza de España) 중 한 명으로, 문무를 겸비한 '시인-군인'(poeta-soldado)이었다. 또한 이탈리아에서 전파된 다양한 시 형식들을 스페인어의 언어 현실에 맞도록 만들었다. 1526년 카를로스 황제의 결혼식에서 그에게 시적 영감을 준 이사벨 프레이레(Isabel Freyre)를 알게 되어 평생 연모하였고 그녀가 1534년 죽고 쓴 많은 소네트와 칸시오네스 그리고 목가들은 스페인 르네상스 시문학의 중요한 토대가 되었다.

프란시스코 데 알다나(Francisco de Aldana, 1537-1578) 1537년, 스페인의 통치하의 나폴리 왕국에서 출생한 시인-군인으로, 신플라톤주의 경향으로 생전에 '신성한 지휘관'(Divino Capitán)으로 알려졌다. 군인으로서 많은 전투에서 무공을 세웠지만 생사를 오가는 전장에서 많은 참상을 보고 겪으며 현실에 대한 환멸과 더불어 비참한 이 세계를 초월하여 절대의 세계로 나아가고자 열망하였다. 국왕의 요청으로, 왕의 조카이자 포르투갈 왕인 세바스티앙 1세를 수행해 모로코에서 군사작전을 하던 중 포르투갈 왕과 함께 전사하였다. 그의 동생의 노력으로 유고시집이 출판되었지만, 17세기 이후 스페인 문단에서도 이방인처럼 취급되어 망각되다가 20세기 후반부터 재평가받고 있다.

루이스 데 공고라(Luis de Góngora, 1561-1627) 스페인 바로크 시문학의 거장으로, 과식주의(culteranismo) 혹은 공고라주의(gongorismo)라고 불리는 과장법의 대가였다. 특히 1600년 이후에 쓰인 후기 작품들에서는 익숙하고 간결한 의미의 전달이라는 언어의 기본적 기능보다는 미적 효과를 극대화하기 위해 문장 구조를 난해하게 변형하거나 신조어 등을 과감하게 사용해 새롭고 낯선 이미지를 개발함으로써 이후 '예술을 위한 예술'(l'art pour l'art)과 아방가르드 시학의 원조로 평가받는다.

프란시스코 데 케베도(Francisco de Quevedo, 1580-1645) 스페인의 귀족이자 바로크 문학을 대표하는 문인으로, 공고라와 달리 익숙하고 쉬운 촌철살인 같은 비유를 사용하는 기지주의(conceptismo)의 대가이다. 그가 쓴 약 875편의 시 중에는 풍자를 통해 자기 시대의 여러 인물 등의 잘못이나 위선을 조롱하고 희화화한 풍자시도 있지만, 섬세하고 순수한 감성의 사랑시, 네오스토아주의 성향의 철학적 시도 있다. 이외에도 피카레스크 소설 〈부스콘의 생애(La vida del Buscón)〉(1626)과 〈꿈과 강연(Sueños y discursos)〉(1627) 역시 스페인 바로크를 대표하는 산문 작품이다.

구스타보 아돌포 베케르(Gustavo Adolfo Bécquer, 1836-1870) 스페인 후기 낭만주의를 대표하는 시인으로, 스페인 현대시의 출발점으로 평가받는다. 그림에 재능이 있어 어려서부터 미술학교를 다녔고 문학잡지의 일러스트를 담당하기도 했기에 그의 작품 중에는 고답파의 시처럼 회화성이 뛰어난 시도 있다. 독일 낭만주의 시인 하인리히 하이네의 영향을 받아 독일 가곡(Lieder)처럼 쉽고 대중적인 시를 쓰기 시작했다. 내면의 갈등과 번민을 가까운 친구에게 고백하는 것 같은 진솔하고 섬세한 감수성과 내밀성의 목소리는 이후 시인들에게 많은 영향을 주었다.

로살리아 데 카스트로(Rosalía de Castro, 1837-1885) 베케르와 더불어 스페인 후기낭만주의를 대표하는 여성 시인으로 스페인 북부 갈리시아에서 태어나, 갈리시아어로 쓴《갈리시아의 노래(Cantares galegos)》(1863)와《새 잎(Follas novas)》(1880)은 스페인에 병합된 후 오백 년간 제대로 된 문학작품을 배출하지 못했을 정도로 폄하되던 고유한 민족어의 가치를 일깨우며 갈리시아 민족주의의 상징이 되었다. 또한 그녀가 죽음을 앞두고 스페인어로 쓴《사르 강가에서(En las orillas del Sar)》(1884)에서는 인생의 덧없음과 향수(saudade), 그리움, 우울, 고독을 노래하였다.

페데리코 가르시아 로르카(Federico García Lorca, 1898-1936) 세르반테스 이후 세계에서 가장 유명한 스페인 작가라는 평가를 듣는 로르카는 현대 스페인 시문학에서 가장 중요한 문학 그룹인 27세대의 멤버이다. 그는 전통적인 시 형식인 로만세를 현대화해《집시로만세(Romancero Gitano)》(1928)를 썼으며, 초현실주의를 수용하여《뉴욕의 시인(Poeta en Nueva York)》(1940)을 썼다. 1930년대에는 여러 편의 희곡을 쓰고 직접 연출하여 큰 성공을 거두었다. 그러나 진보적 활동으로 인해 스페인 내전(1936-1938)이 발발한 직후 군사 반란을 지지하는 민병대에 의해 무참하게 처형되었다.

가브리엘라 미스트랄(Gabriela Mistral, 1889-1957) 칠레의 여성 시인으로, 1945년 중남미에서 최초로 노벨 문학상을 수상하였다. 가브리엘라 미스트랄은 필명으로, 본명은 루실라 고도이 알카야가(Lucila Godoy Alcayaga)이며 1904년 노벨 문학상을 수상한 프랑스 프로방스 시인 프레데리크 미스트랄(Frédéric Mistral)과 이탈리아 작가 가브리엘레 단눈치오(Gabriele D'Annunzio)을 흠모하여 사용한 필명이다. 그녀는 뛰어난 시인이었을 뿐만 아니라 외교관이었으며 또한 훌륭한 교육자였는데, 훗날 노벨 문학상을 수상한 파블로 네루다의 문학적 재능을 일깨웠다.

파블로 네루다(Pablo Neruda, 1904-1973) 1971년 노벨 문학상을 수상한 칠레의 민중시인으로, 파블로 네루다라는 이름은 자신이 문학을 하는 것을 반대하는 아버지에 반항해 사용한 필명이다. 마드리드 주재 칠레 영사로 부임해 로르카와 알베르티, 미겔 에르난데스 등과 교류했으며, 1936년 스페인 내전 이후 반파시스트 활동을 하며, 참여시인의 길을 걸었다. 이후 억압받는 아메리카의 역사와 민중의 현실을 노래한 연작시《모두의 노래(Canto General)》(1950)를 발표해 세계적인 민중시인으로 평가받았다.

시인, 죽음을 노래하다

초판 발행 1쇄 2024년 8월 30일

엮은이 김종훈 · 김준연 · 김동희 · 장성현
김재혁 · 손주경 · 장재원
펴낸곳 고려대학교출판문화원
www.kupress.com
kupress@korea.ac.kr
(02841) 서울특별시 성북구 안암로 145
Tel 02-3290-4230, 4232
Fax 02-923-6311
찍은곳 네오프린텍(주)

ISBN 979-11-6956-081-8 03800

값 16,000원